禮儀是一面鏡子，反映你的現在、你的生活、你的狀態；
禮儀是最好的老師，提醒你去傾聽自己、改變自己、關愛自己。

當你茫然失措時，禮儀導引你回歸真實的中心，積蓄啟航能量。
當你幸福順心時，禮儀給予你祝福，傳遞出生命最美好的價值。

～ by 陳麗卿

成功禮儀

你的品牌符號學

A Guide to
Business Manners
for the 21th Century

個人風格與形象管理系列
Personal Style and Image Management

「個人風格與形象管理」系列是台灣第一個以「提升整體形象」為服務目標的系列書籍。個人風格重視個人差異，形象管理考慮外在環境。事實上，「個人風格與形象管理」在歐美等國，早已不是新鮮事，而是生活中的一部份，就像中國菜色講究如何搭配，對中國人而言如同呼吸一樣自然；但注重服裝、個人風格與形象，對我們將是一種新的學習。

商鼎文化出版社在十年前開始推出「時裝體系」系列書籍，希望為台灣的服裝教育打下更前瞻、穩健的基礎。在這十年的出版歷程中，獲得愈來愈多的回響與肯定，也看到周遭的讀者正與我們一同受惠、成長！

「個人風格與形象管理」系列的推出，也是商鼎文化出版服裝系列的另一個重要的里程碑。「個人風格與形象管理」系列將更致力於出版實用、易懂、有國際觀的好書，我們相信「時裝」，不僅是蔽體、保護、舒適，還有「與人溝通」的更積極的效果！希望對於每個追求生活品味的個人或從事個人造型服務的專業人士有所幫助。

「時裝體系」及「個人風格與形象管理」系列由于範老師策劃、編審，其始終如一的教育理念，追求好還要更好的精神，相信是所有讀者的福氣。在此除感謝于範老師的支持與協助外，也感謝AIS(Always In Style)創始人Doris Pooser，以及PI(Perfect Image)系統創始人陳麗卿老師，以及未來將加入本系列出版陣容的專家先進，因為你們的貢獻，讓我們看見美麗！

商鼎數位出版

禮儀的原點，是愛

「ㄌㄧˇ ㄧˊ」，聽到這個詞，你會想到哪兩個字的組合？

當我在課程中這麼問學員，大家都愣住了。因為，聽到這兩個讀音，我們早已習於「禮儀」是唯一的答案，從未思索其他的可能性。事實上，它除了是「禮儀」，也可以是「理宜」，或「裡怡」，而這幾個詞，正好代表了禮儀的幾個階段。

最基礎的禮儀，也就是自古以來大眾對禮儀的印象，是禮教、是規範，是倫理綱常的基石，也是讓社會得以穩健成長的遊戲規則。人類文明能有今日的發展，禮儀功不可沒；然而隨著時代的變遷，人們對於禮儀的看法與想法，也逐漸鬆動，不少人質疑：在現代追求新知、自由、平等的世界裡，我們真的還需要禮儀嗎？對此，我的答案是肯定的。

禮儀的「儀」，指的是基礎方法，而無論學習什麼，都得由此入門。就像若不先理解加減乘除的規則，就不可能做各種的演算應用；若不先學運球、投籃，就無法在球場上得分致勝，學禮儀也是相同的——即使規範、教條看似繁瑣，但若是不懂得應對進退的基本規則，未來在職場、情場遇到五花八門的狀況題，自然是捉襟見肘、無計可施了。

然而，我們雖然需要學習禮儀、學習規範，卻不能只記憶規範、被規範捆綁。希望你在規範之上，更重視對核心精神的理解與應變的能力。當你不只熟稔規範，更全然理解禮儀背後的體貼思維，就能夠視時、視地、視人，做出適時、適地、適人的彈性調整，進而將心中的溫暖良善，全然地傳遞到對方心中。這，就能產生所謂的「理宜」：無論場景如何變化，都能夠拿出最適合的禮儀，做出最合宜的安排。

而當你面對不同狀況，連自己都覺得自己處理得當時，自然就能達到禮儀的最終目標：「裡怡」。裡怡，是內在的怡然，內在的舒適妥帖，也就是《中庸》所說的「君子無入而不自得」。而此怡然，不僅之於自己，也是之於正在與你應對的人。

不管社會如何變遷，價值觀如何遞嬗，只要有人，就需要有禮儀。因為禮儀的本質，正是來自於人性，來自於愛。

每一個人，都有愛的本能，在希望得到他人的接納、重視、尊敬與愛的同時，也希望能給予對方接納、重視、尊敬與愛。而若想將內心的善意，如實穩妥地傳遞給他人，就得靠禮儀。

所以，在我看來，學習禮儀，不只是為了讓職場順暢、商場順利、情場順心、人際順流等功能性需求，更是一種自我覺察與修練：將自己內在的溫暖純良，用最適合的方式展現出來，進而傳遞到另外一個人心中；而你自己的良善，會引發別人的良善，激起善意的漣漪、慈悲的共振，進而創造共好的循環——至此，更順暢的生命質量也就會隨之而來。

在禮儀→理宜→裡怡的路上，願此書成為你的陪伴，在疑惑時為你解答，在思考時給你方向，讓你無論是在人生的哪一個階段，遇到什麼樣的場合、對象，都能因為對「禮儀」的了然於心，而能達到應對進退得體的「理宜」境界，進而「裡怡」地優游自在、享受其中。祝福你：成為最自在、最怡然、有魅力的自己！

陳麗卿

Contents

成功禮儀

Business Manners

你的品牌符號學

Chapter 1 　**職場禮儀** 品牌符號學
開啟辦公室禮儀視窗

品牌符號　面試的印象禮儀 *14*
從眾多競爭者中脫穎而出的關鍵

品牌符號　和長官的相處禮儀 *22*
在怡然的互動中安心做自己

品牌符號　與同事的合作、相處禮儀 *32*
從團隊合作中展現你的格局

Chapter 2　管理禮儀 品牌符號學
邁向專業管理之職

品牌符號 有效率的會議禮儀 *48*
競爭力都在開會的細節裡

品牌符號 優雅的出差禮儀 *54*
好整以暇，從容應對

品牌符號 職場的管理禮儀 *60*
新時代的優質夥伴關係

品牌符號 情緒管理禮儀 *72*
管理情緒從情緒表達做起

Chapter 3　穿著禮儀 品牌符號學
專業形塑成功形象

品牌符號 專業的形象禮儀 *80*
隨時隨地散發專業的image

品牌符號 女士專業形象的禮儀 *98*
從專業中吐露你的美麗與優雅

品牌符號 男士專業形象的禮儀 *108*
以衣示人，完美展現

Contents

Chapter 4 見面禮儀 品牌符號學
印象決定你的人脈關係

品牌符號 人脈介紹禮儀 **120**
當個稱職的介紹人與被介紹人

品牌符號 建立第一印象的禮儀 **126**
大方展現你的自信丰采

品牌符號 得體的稱呼禮儀 **132**
適當的稱呼，適當的距離

Chapter 5 用餐禮儀 品牌符號學
優質形象深得人心

品牌符號 學習餐桌禮儀 **140**
用品味美化你的人生

品牌符號 賓主角色扮演禮儀 **156**
以禮相待，賓主盡歡

Chapter 6 　社交禮儀 品牌符號學

得體應對廣結善緣

品牌符號 　行走搭車的禮儀 *166*
走路搭車，動靜皆禮

品牌符號 　精緻感動的送禮文化 *172*
好禮傳情，遠近親疏皆不同

品牌符號 　讚美的禮儀 *178*
讓積極正面成為自己人生最好的禮物

Chapter 7 　溝通禮儀 品牌符號學

以溝通成就夢想

品牌符號 　傾聽與溝通的高尚禮儀 *182*
互相尊重成為好搭檔

品牌符號 　電話應對禮儀 *186*
全心溝通，真誠表達

品牌符號 　網路溝通禮儀 *196*
寫好你的每一封訊息

Chapter 8　**服務禮儀** 品牌符號學
注重細節贏得先機

品牌符號　**和客戶的應對禮儀**.......................**208**
用心建立客戶的終身價值

品牌符號　**肢體表達的藝術禮儀**......................**214**
清楚表達優質溝通

品牌符號　**熱誠的服務禮儀**..........................**218**
服務品質在於提高別人對你的信任

Chapter 9　**兩性禮儀** 品牌符號學
尊重彼此互信互諒

品牌符號　**彼此尊重的兩性禮儀**......................**228**
讓異性朋友很舒服地跟你相處

品牌符號　**圓融面對的感情禮儀**......................**234**
用智慧調節理性與感性

Show Your Perfect Image

Chapter 1

職場禮儀

品牌符號學

開啟辦公室禮儀視窗

Manners that Succeed at Work

職場禮儀就像一張通往成功的車票，
問題不在於在車上經歷什麼樣的風景，
而在於用什麼樣的心態去欣賞風景，
並將之成為你生命的美麗印記。
禮儀也是一樣，面對你的每一個關卡與挑戰，
只有透過不斷的學習，不斷檢測與精進，
才能幫助自己成為職場上專業的人士。

1

Perfect Image 觀點　從眾多競爭者中脫穎而出的關鍵

找工作到了面試階段，代表你已經得到公司的肯定，為了想更瞭解你，才會請你來面試。因此，不妨將面試視為一個「行銷自己」的大好機會，趁機練習promote自己。面試前，除了要對該公司有適切的認識之外，也得針對面試官可能會問到的問題沙盤推演一下。再來就是透過面試禮儀打點好自己的專業形象，並且以合宜的談吐舉止，展現出自己最好的一面。如果你對面試還有其他疑惑，或許以下面試的印象禮儀Q&A對你會有幫助。

Q 履歷可以參考範本嗎？

前陣子我在〔表禮如儀〕的課程中，和幾位任職管理職的學生討論「應徵履歷」事宜，他們坦誠表示：在眾多的履歷資料中，百分之九十的履歷在三十秒內就會被擱置一旁，只有那些在三十秒內能抓住他們眼睛的履歷才會被留下來。而一位人力資源經理進一步的說，現在的社會新鮮人已經不會寫履歷了；他們常常收到求職者利用人力銀行所提供的固定格式的履歷表，內容大同小異，完全沒有屬於求職者的生命。

對所有的求職者，履歷代表你「本人」，尤其在面試者還未見到你之前，他所憑藉的就是從履歷上搜尋關於你的印象，因此履歷是非常重要的自我介紹的媒介。當然我不是全盤否定參考範本的必要，而是建議你並非照本宣科的抄襲，而是要融會貫通後，重新擬一份適合自己的履歷表，並且加入自己的巧思，做出一份屬於自我風格特色的履歷表。不過要提醒你，準備履歷表時，請先瞭解應徵的公司文化，例如日商公司往往喜歡中規中矩的表現方法，他們比較重視小細節，因此對於版面的整潔、視覺的舒服度，以及條例式的介紹，要求比較高；而創意公司就偏向喜歡大膽新鮮的表現方法，像是用色、編排有創意，或是影像式、表演式的介紹自己，往往作品辨識度越高，越能夠抓住這家公司的眼睛。因此，針對不同的公司屬性與文化，稍微修正履歷的內容與表現，是重要且必須的。

此外，寫完履歷最好請有面試或管理經驗的前輩幫你檢視，這樣會更瞭解自己還需要修正、加強哪些部份。

Q 撰寫履歷時需要翻譯成英文嗎？

在國際村的世代，即使對於沒有要求英文履歷的公司而言，附上英文履歷也可能會為你做潛在的加分；但是，當你要書寫英文履歷時，請確認使用純正、標準的英文；一份不道地的英文履歷，恐怕只是扣分，比沒有還要糟糕。

Q 履歷的編排注意事宜？

不要以為親手書寫的履歷較真誠，除非你很有把握自己的字體整齊漂亮，會為你的履歷帶來好印象才這麼做，否則仍應透過電腦文書處理編排履歷為宜。在履歷的編排上，我建議要以清楚、條列、舒適的方式編排，讓閱讀者一目瞭解，例如履歷上的字體大小不得小於10級字、間距不可以太擁擠、字型選擇不要超過兩種、粗細／畫線／用色等標註也不宜過多，以免版面凌亂、分不出來什麼是重點。畢竟面試主管每天要閱讀上百封的履歷資料，越能幫助決策者輕鬆易讀，越能增加他對你的認識。

Q 面試前如何做練習？

Practice makes perfect，這句話也適用在面試上。面試如戰場，千萬不要上了戰場才練習，也不要把非你第一志願的公司當成面試練習的對象；世事難料，難保這家公司未來不會成為你的合作廠商或是相關事業夥伴。

建議你平時就要多練習才有完美的表現。然而這裡所謂的練習，除了專業答問的技巧，也包含肢體語言的練習。專業的智識是基礎，肢體儀態卻可以看出一個人的器度與態度。你會訝異地發現許多老闆喜歡任用的是器度佳、態度積極的員工；至於專業，他們反而認為是可以被訓練的。

練習時，你可以請前輩或朋友當主考官，將整個面試過程錄影起來。你或許會發現自己說話時，眼神左右飄移、態度不夠堅定、手勢軟弱無力、腳會發抖等，或者觀察感知到自己的穿著歪了、配色太鮮豔、頭髮不夠整齊、妝太濃……。透過影像不斷的修正與練習，必能讓你在主考官面前表現得更自然得體。

Q 面試時怎麼穿比較好？

首先，請記得要「做什麼像什麼」的觀念，也就是說，要穿得像個「圈內人」。不同的公司有不同的穿著文化，為了融入公司的文化，在面試前最好先初步了解該公司的衣著模式（Dress Code）。如果實在沒有辦法拿捏，真的不確定該穿什麼，不妨參考下面原則：

◆ 企業文化較傳統保守的行業，如貿易、金融、保險、法務、銷售……等，穿著中規中矩的套裝或西裝，會使你看來起穩重、實在、有效率，是安全的基本裝束。

◆ 廣告、設計、出版或藝術性質等有創意的行業，面試時的穿著可以以凸顯個人特色為訴求。

◆ 若所應徵的藝術、創意工作是與管理相關，可以考慮穿套裝或西裝，但是在款式或搭配上要能發揮個人創意；當然，半套式的穿著也是不錯的選擇，它可以讓你在表現個人特質與創意的同時，還能展現專業權威感。

其次，記得為你志在必得的職位去穿著，也就是要穿得像「在位人」。身上穿著的「行頭」要能與應徵的職位相稱，譬如應徵「祕書」職位，請不要穿

得像工讀生，雖然你尚未得到這份工作，但你可以在外表的打扮上給主考官一個想像空間，讓他可以看出來你坐上這個職位時的樣子，甚至建議你可以穿得比所應徵的職位再更上一層樓，哪個老闆不希望「物超所值」，用相同的薪資聘用看起來比較「高水準」的員工呢？但是切忌把自己的外表塑造成遠超過這個職位的樣子，以免給人「華而不實」的感覺。

最後，要隨時保持舒適感與外觀的最佳狀況。所謂「舒適感」，不只讓他人看起來舒適，自己也要覺得舒適；因為舒適的穿著讓你的行為舉止自然、不彆扭，能為你帶來自信心。面試時最好不要輕易嘗試沒有穿過的衣服，第一次穿的衣服應該在家裡事先穿過，熟悉它的布料、剪裁，會讓你在舉手投足間怡然自得。

此外面試多半採取坐姿談話，因此建議你可以利用鏡子事先演練；你可以觀察自己坐下來時裙子、褲子、衣服是否保持整齊？從公事包或手提包取出筆和筆記本時，動作是否優雅俐落等，藉由多次的練習可以增強面試時的自信與自在。另外，若是到外地面試，建議你帶著面試服裝提前到達，在面試前換上面試服即可，以避免衣服因風塵僕僕趕路產生縐褶或髒污。

Q 可否讓親朋好友陪著一起去面試？

親朋好友可以陪你去，但千萬別陪你進公司裡面，你可以請他（們）在公司附近的咖啡廳等你。有一次在青商會為大專院校所舉辦的「步入社會須知」講習會中，我負責講授面試與社會新鮮人的穿著。有位知名公司的人力資源副總經理提到，在他的公司，任何男／女朋友或父母陪伴面試的人，他們都不予錄用，因為難以相信他將來可以承擔重責大任。

Q 面試時，該不該詢問福利和薪資？

現代社會勞資雙方早已是平起平坐的對等地位，在你貢獻專才的同時，當然有權利知道公司是否可以提供你所想要的報酬、福利和資源。你當然可以問，但並不適合在第一次面試時，就將這類問題當作首要的考量，甚至當場討價還價，這樣會給人華而不實、錙銖必較的感覺；大部分的老闆認為：「我還不知道你能為公司帶來什麼貢獻，也還沒有決定要錄用你，問這麼多要幹嘛？」最好讓公司主動提出，有不清楚的地方再當場詢問。即使你已是業界爭相禮聘的紅人，也應由對方先行提問會比較好。

Q 對很期待的工作，可以打電話詢問面試結果嗎？

建議你先寄感謝函過去，謝謝該公司給予你面試的機會，並且表明你是多麼希望能為這家公司服務。三、四天之後再打電話，此時可以委婉地詢問大概何時可以得知結果。

Q 某家公司我很有興趣，遞了履歷表後沒有回音，是否可以打電話詢問？

你可以打電話詢問或是再遞一封，甚至重新寫一封更為精采的履歷表。我有位朋友的工作就是這樣來的，他在等待的期間還不斷對這家公司的產品發展進行研究，並給予自己的看法與建議，讓對方確實感受到他的誠意和努力。

Q 需要寫感謝卡給已獲錄取、自己卻不打算去就職的公司嗎？

當你確定不去就職時，就要告知對方你的決定，以利對方做後續安排。你可以使用正式的電子郵件表達你的感謝，例如謝謝對方的時間，謝謝你在面試時所學習到的一切；不需要提及你即將就任的公司，更不要將兩家公司做比較，單純表達你內心真誠的感謝就好。千萬不可以默不作聲，也不可以使用通訊軟體或簡訊告知對方，這是非常不禮貌的。如果能更進一步使用感謝卡，將更能增加別人對你的好印象，感謝卡可以寄給最後決定錄取你的人，或是當初誠摯邀請你來面試的人。

Try it

請你的朋友或是長輩幫你模擬面試的狀況，盡量假設許多問題來考驗自己的臨場反應；並且全程錄影，才能客觀觀看自己的衣著與表情、儀態、說話的等動作，修正成最佳狀況。

品牌符號 和長官的相處禮儀

Perfect Image 觀點 ## 在怡然的互動中安心做自己

職場禮儀的精神貴在「圓融」，和老闆、主管相處，不必壓抑自己，更無須阿諛奉承，但是該有的尊重，卻是絕對不能馬虎的。因此，學會「向上管理」，把自己跟老闆、主管的關係調整到剛剛好，便是每位職場人士的「必修學分」了。能成為老闆或主管的人，肯定有兩把刷子，如果你能跟他們怡然互動，不但工作可以更順利，也能從他們身上學到許多寶貴經驗，職場貴人俯拾皆是，端看你如何掌握相處的藝術囉！

Q&A

Business Manners

Q 直屬上司人很好，他常說如果有任何問題可以隨時去找他，真的可以嗎？

當然不行。臨時起意的拜訪是很不妥的，預約是基本的禮貌。每個人都有自己的時間表，如果大家都可以隨時去找上司談個二十分鐘，他還有自己的時間嗎？所以即使你的上司說有任何問題可以隨時去找他，建議你一定還是要事先預約，並且準時到達，準時結束。讓你的上司感受到你對他的尊重，以及你對彼此「時間資產」的重視。請記得，養成預約的好習慣，是尊重對方的表現，也是人與人相互信賴的基石。

Q 有位同事每次開會都會搶先坐在老闆的旁邊，這樣做好嗎？

辦公室開會的座位倫理是這樣的：老闆的旁邊是他的貼身秘書或職等次高的同事，搶坐在老闆旁邊只會顯出自己的不識大體。在國家級會議或典禮中，大家喜歡觀察最高首長旁邊坐或站的是誰來猜測官場間的微妙關係，其道理就在於此。

Q 跟老闆或主管如何建立感情？

要跟老闆或主管建立感情，首先請將事情做好。世界「情」事有兩種：感情和事情，只談感情，適合當朋友，同事緣份不會維持太久。有一家成功的電子公司Slogan是：「人際關係基礎在績效」。乍聽之下很現實，不過卻是企業運作基礎的寫照。對於想要跟老闆或主管建立良好關係的人而言，把績效做出來，平日的互動自然成為「革命情感」的基礎。

此外，請尊重老闆與主管的身分、地位與時間。如果要跟老闆或主管建議時，要思考後再給予效率、誠心的建言，而非一味批評或傾倒抱怨，浪費彼此的精力與時間。至於開老闆的玩笑，也要避免，畢竟你永遠不知道何時會碰到老闆的玩笑地雷。

最後，請以不卑不亢的態度大方地面對老闆與主管，千萬不要畏懼他們，你會發現大部分的主管都有尊敬卻不畏懼老闆的特質。建議你可以在員工開會或聚餐時，從「老是坐得離老闆遠遠」的習慣改起，盡量選擇坐在老闆附近，不但可以從中觀察學習老闆待人處事與豐富的應對經驗，無形中也增加自己的曝光率，讓你的表現更容易被看見。

Q **和老闆外出時，要走在老闆哪一邊比較適合？**

在國際禮儀中，站位、坐位有「前尊右大」的原則，意即晚輩或屬下，應該讓長輩或老闆走在自己的前面或右手邊才合乎禮儀；但若是遇見以下情形，則需要依狀況做調整：

◆ 對路徑不確定需要繞道、找路、路況難走或有危險狀況時，晚輩或屬下應超前行走、先行確認；或當走的馬路正好車道在右邊，那麼自己就要走在右側。

◆ 當有女士同行遇見上述情形時，男士即使是老闆也可以表現你的紳士風範，走在前面或外側以保護女性。但如果女士的職位和老闆差很多，或是年齡年輕許多，則應由女士負擔確認路況、引領帶位的角色，以示對老闆的尊重與禮貌。

◆ 進入餐廳若沒有事先訂位、也沒有服務生帶位，晚輩或屬下應該走在最前面引領長輩或老闆入座。若有服務生帶路時，則由長輩或老闆走在自己前面。用餐完畢則由長輩或老闆先行，但是到了門口，仍要先一步去開門。若有服務生帶領，則由長輩或老闆先行，自己走在最後面。

◆ 有三人同行時，中間位置應讓給位高的長輩或老闆，右側次之，最年幼或位階最低者則走在最左側。

Q 想請老闆和同事來家裡坐坐，但和男朋友或女朋友正同居中，該怎麼辦？

這牽涉到每個人不同的價值觀，有些人可以接受，有些人就是無法接受；為了避免造成彼此的困擾，建議你不要冒險，寧願選擇在氣氛佳的咖啡廳或餐廳見面就好，除非你真的確定對方能接受同居的觀念。

Q 在走廊上和難得見面或幾乎沒說過話的大老闆不期而遇，怎麼做比較好？

你可以很大方的打聲招呼：「董事長早安」，或「董事長好」。如果路窄，或剛好方向相同，或是在盥洗室裡，則可以禮讓他先行。

Q 度假時，如果上司還頻頻打電話來討論公事，該如何處理？

二十世紀講求專才，二十一世紀講求多才，特別屬於精簡人事經營的公司，每個人所負責的職務都是非常重要的。所以在度假離開前，請務必先完成並安排好大大小小的事與職務代理人，並向上司報告你的安排與目前工作的進展等，讓上司瞭解後，才能離開度假。而在度假期間，若是上司打電話來詢問工作的事，請以公司整體進度考量給予必要的支援，才是最好的處理態度。

至於上司，在確認休假員工的工作進度與職務代理之後，應該讓其安心休假，除非發生工作計畫外的變化，必須由該名員工緊急處理且無法等待，否則都應等員工休完假再交辦處理比較好。

Q 和主管一起進出室內時，需要幫主管開門嗎？

和主管或長輩一起進出室內時，可以離門大約二、三公尺時，很自然地「從容」趨前幫忙開門，而不是突然慌慌張張地衝到前面去開門；在伸手開門的同時，可以不急不徐地說：「總經理，我來開門。」

Q 和上司私交很好，私下都去過彼此的家中作客，上班時該用什麼樣的態度對他比較好呢？

只要在公事上是上司與下屬的關係，無論你們私交有多好，請千萬記得：對於你們之間的「特別情誼」，要「心照不宣」、低調處理才好。在工作場合，不要刻意表現出你們很要好的樣子，因為看在別人眼裡，難免有「公私不分」的錯覺，有可能為你們雙方帶來不必要的困擾。其次，要小心別在茶餘飯後閒聊中，不經意提起任何上司的私生活點滴。其實不只是上司，和公司其他同事的特別情誼，也都是如此。

Q 有時候看老闆手提的東西很重，很想幫忙拿，但大庭廣眾之下又怕被別人說是拍馬屁？

怎麼會呢？你多慮了。屬下幫忙提私人包包之外的行李本來就是應該的，讓老闆大包小包，而自己兩手空空才是真的不合宜呢！尤其很多時候老闆真的需要幫忙，只是不知道該如何告訴你而已，而你也千萬別跟老闆客氣，他說自己拿你就真的讓他自己拿。原則上，私人物品如背包，公事包，是本人自己拿的，至於其他物品如書籍、圖片、文件等，屬下當然可以幫忙。

Q 和上司一起去拜訪客戶，接待人員把自己錯認為上司，場面很尷尬，怎麼處理比較好？

這種時候，請你趕快說明：「我是林某某，這位是王總經理。」一般而言，位階大者應該走在前面，除非路線或目的地不明確，屬下才應該走在前面探路；但是一旦找到路了，特別是到門口了，還是應該讓位階高者走在前頭。

Q 在公司工作，老闆年節都會送禮，需不需要回送呢？

基本上你不需要回送老闆禮物，除非你的職務屬於專業導向，例如醫師、律師等。由於許多公司專業

導向的職務在身分地位上和老闆是平等的，因此可以互相贈送禮物。贈送的禮物不需要太名貴，沒有心理負擔的禮物才是最好的禮物；例如值得閱讀的書籍、音樂CD、表演藝術影碟等，都是不錯的選擇。

至於一般的公司，請牢記很多老闆並不一定喜歡接受員工的禮物，因為員工送老闆禮物有時候反而會帶來困擾；例如年終的時候員工送老闆禮物，會成為老闆年終考核評估時的負擔。因此，若你真的想要送禮，可以選擇特別的日子，例如老闆生日或出國旅遊回來時，與老闆分享好看的電影、旅遊帶回來的美食、美物，或是從國外寄一張明信片等，都會讓老闆感到開心。

Q 什麼時候適合提出加薪？

當你的能力提升、責任加重，並且公司處於正成長且也在賺錢的階段時，可以提出加薪。有時候雖然公司付予的工作內容變多，卻沒有等值的加薪，往往是因為公司整體並無正成長的緣故；此時請稍安勿躁，換個角度思考：雖然沒有換得加薪，卻換得個人成長。因為從更大更長遠的角度看，公司就是個人成長的道場，公司的資源就是個人成長的資源，所謂的資源不一定是薪水或福利，有時候更是機會與經歷——機會讓我們成長，經歷讓我們累積實力，而這些對個人長期的影響都大於短暫的加薪，不是嗎？

Q 如何開口向老闆爭取合理的報酬或獎勵？

如果你對公司有具體的傑出貢獻，可以把相關資料準備好，和老闆約定一段無人打擾的時間，誠懇地表達你內心的想法。爭取報酬或獎勵時，請為自己保留彈性空間，因為你自認的好成績，在老闆的標準裡，可能是本來就應該要做到的成績，這時你不妨請教老闆：你應該再做哪些努力，表現到什麼程度，才能得到你理想中的職務或薪資。在這裡要跟你分享輝瑞大藥廠（Pfizer）前董事長史提爾（William Steere）的建議：「許多人在還未證明自己的能力前，就想不斷往前走，如果你在現有職位上尚未全然發揮，只想著如何往上爬並不明智。相反地，如果你已將現有職務做得有聲有色，你可以主動告訴公司，你已經準備好接受更多的挑戰。」

Q 受到老闆指責的時候，應該怎麼應對才好？

職場上，面對批評時的心態和反應很重要，現在覺得難以忍受的指責，可能就是明日幫助你成功的金玉良言。我有一位擔任某家科技公司總經理的學生，之後成為我的好朋友，他跟我分享自己的親身經歷；十年前他在一家公司上班時，曾經在公開的開會場合，被董事長批評後當場回話，第二天

就被Fire掉了。當時董事長跟他說：「我今天Fire你，你會永遠記得這個經驗，並且十年後你會感謝我。」現在他雖然依然常在董事會議時，被董事們、股東們批評質詢，但是他已經懂得「絕對不在公共場合對上司回話」的態度了。

畢竟職場上需要的是「正面溝通」，而不是「正面衝突」。老闆會當眾指責你，多半是你在工作上的表現不如預期，或老闆需要有台階下的時候。如果是老闆需要台階下，即使當下心情可能不好受，都應該先忍下來，之後再私下委婉與老闆做必要的釐清與溝通；如果是工作表現不如預期，而當天會議沒有針對事件做進一步的討論，你可以事後請教老闆，自己在職務處理上有哪些不恰當的地方？他的期盼是什麼？哪些工作細節你誤解了，要從哪裡修正等。

Try it

1. 請觀察上司在會議或公眾場合遇到問題時都是如何解決的？若方法得宜，請牢記在心並模擬練習運用在自己身上，讓自己的工作能力更上一層樓。

2. 每天寫一件你從老闆或主管身上學到的優點，並且找機會用在自己身上。

與同事的合作、相處禮儀

Perfect Image 觀點

從團隊合作中展現你的格局

職場的修練不只是「事」，也是「人」。一個人能否在職場中順利升遷、受人愛戴，除了本身能力強、會做事外，更要擁有好人緣。因此，在職場中對待相處時間甚至超過家人的同事，要真誠待人、慷慨付出、適時提供協助；才能增進彼此的情誼，讓「人和」為你的才華與實力加分。

Business Manners

Q&A

Q **當同事進入我的辦公室或工作區域時，我需要站起來嗎？**

要視這位同事的職務而定。如果是因為例行公事而常進來的秘書、助理或同事，往往只是很快地問個問題而已，那麼就無須站起來，也無須請他們坐下；但是如果要討論的問題不是三言兩語可以結束的，則可以請他們進來坐下再繼續討論。

如果來者是上司，請務必要站起來，即是他只是站在門口而已。如果他繼續站著說話，請你也站著說話；如果他進來坐下了，那麼你可以回到自己的位子上坐下。千萬不要無動於衷地看著上司站著，而你卻四平八穩地坐在座位上，或自顧自地做事，或雖然頭稍微轉向對方而眼睛卻還盯著電腦螢幕看。

如果是客戶或來賓造訪，你可以站起來、離開座位趨向前，給予一個禮貌的歡迎；如果客人會留下來一段時間，你可以請他坐下或者帶他到會客室。

Q 表現出對工作的強烈企圖心，卻遭到同事排擠，究竟是為什麼？

無論你的才能是多麼耀眼出眾，如果能夠加上謙虛、體貼、人和，那就太棒了。

曾有位高階主管告訴我，企業若要應徵一般員工，專業是第一考量，待人處事是第二考量；可是當他要提拔人時，寧願選擇專業八十分、待人處事一百分的員工，也不會選專業一百分，待人處事不怎麼樣的人。他進一步解釋：員工進入公司以後，專業成了每個人的基礎，但是會為你「加值」的卻是待人處事；因為學有專長的員工比比皆是，EQ高、懂得人情世故的人卻不多，這也成了他在拔擢人才時最看重的一環。如果你希望自己在公司步步高升，就應該知道，工作的專業能力只是最基本的要求，凌駕工作能力之上的，還有待人處事的技巧。一個人的能力再強，如果沒有人願意與之共處、與之共達目標，是不可能會成功的。

所以越是能力高、企圖心強，越要避免誇張炫耀的舉動。團隊合作成功勿歸功於己，疏失勿推咎他人，有理時別得理不饒人；越懂得成就他人、承擔責任、尊重同事、謙虛恭讓，越能顯現你的領導才能，讓他人產生信服力，而不是排擠力！

Q 面對老是喜歡指使別人的同事，該怎麼拒絕呢？

每個人都有「心中認定的老闆」。所以每個人不是聽檯面
上老闆的話，就是聽你心中認定的那個老闆的話；若對方
都不是這兩位老闆，卻喜歡指使你做事時，心中難免產生
不舒服的情緒，覺得：「你又不是我老闆，幹嘛叫我做
事。」只要你能瞭解不舒服情緒的源由是什麼，面對喜歡
指使你做事的同事就能以平和的心情微笑拒絕對方，你可
以告訴他：「很抱歉，我現在正在……」。

Q 上班時很想把辦公室的門關起來，這樣好嗎？

一般辦公室不會關門，即使是老闆的辦公室也不關門，而
是用屏風做為和外界的緩衝。除非裡面正在進行機密會
議，或正在談重要的事情不方便被打擾才會關門。因此，
平時不宜把辦公室的門關起來，但是只要你發現老闆辦公
室的門關起來，要有不宜輕易去打擾的認知。

Q 直接走進別人的辦公室或辦公區域，會不會不禮
貌呢？

會，所以請你先在門口叫一下對方的職稱或名字，或輕聲
敲門，即使門沒關也要如此做。另外，在開放式的辦公
室，同事的座位就如他的私人辦公室一般需要被尊重，有
事需要討論時，也請先叫對方職稱或名字，或輕敲隔板。

Q 在公司化妝室或吸煙區、茶水間聽到同事道人長短，該如何處理？

有人說：想讓小道消息或八卦迅速散播出去，最好的場所就是化妝室、茶水間或吸煙區！但是在職場上聽到同事道人長短時，我建議你最好保持距離、以策安全，不要參與直接討論。任何在工作場合中製造小團體或喜歡談論八卦的人，很容易被貼上標籤，老闆也不喜歡同事之間散佈不實謠言或論人是非。因此，若你在化妝室聽到有人八卦時，可以沖馬桶或發出咳嗽聲，讓對方知道裡面有人；若不適合發出聲音，請保持安靜等他們離開一段時間後再出來，此時所聽到的任何言論都不宜再傳播出去，讓謠言止於智者。若是在茶水間或吸煙區聽到，請直接離開不要逗留；若無法馬上離開，也不要參與或發表任何意見。我有一位老闆朋友最討厭同事在上班的時間說其他同事的八卦，有一次他在化妝室聽到員工道人長短，便馬上沖水走出來……接下來的畫面就不需要我描述了吧。：）

Q 上班不小心遲到怎麼辦？

請養成上班準時的習慣。所謂的準時：若是九點鐘開始上班，就在九點鐘將所有的東西就緒，「正式」開始上班；而不是九點鐘匆匆忙忙衝進辦公室打卡、辦公桌和思緒仍是一團混亂、老闆一問三不知，更糟糕的是，吃早餐或是補妝……。準時上班，是個儀式，也是對工作的尊重，無形中會建立起你敬業的優質形象。萬一遲到了，自己的一言一行不要妨礙到已經在工作的同事，即使進來時心裡慌亂，也盡可能表現從容。可以和鄰近的同事輕輕點頭說聲對不起，不需大聲宣佈，更不要四處抱怨自己在路上遇到了什麼倒楣的事情等等。

Q 在別人的辦公室時，有電話進來，該迴避嗎？

非禮勿聽。你可以禮貌地詢問，或以手勢示意：「我需要到外面等一下嗎？」如果是私人或機密電話他可能會自己告訴你：「對不起，請你給我幾分鐘」，這時請你務必離席迴避。若對方示意不需要迴避，則不用離開，不過在他講電話的時候，千萬不要盯著他或往他的方向看，這樣他會不自在，你也犯了「用眼睛聽」的大忌！此時你可以做其他的事情以示回避，例如：看手上的文件、翻閱報章雜誌等，並且以能背向著他的方向最好。

Q 在電梯裡有哪些需要注意的禮儀？

相信你也聽過「世界上『身體最近心最遠』的空間就是電梯」的說法。因此在電梯裏，請遵守人際私密空間禮儀，避免侵犯他人的私密空間：

◆ **請勿正面對人**：進入電梯的站法避免與人正面相對。在歐洲習慣以身體側身向人，而美國則習慣以背面向人；在台灣，大多採取美國式站法，也就是以背面向人。

◆ **儘量不要碰到他人的身體**：不只是自己的身體不要碰到他人的身體，即使是手提的東西，特別是濕的雨傘，也請小心挪動，不要碰到其他人的身體。

◆ **請勿做不雅動作**：避免在電梯裡做剔牙、拉內衣、調絲襪等不雅動作，即使電梯無人，也要小心裝在電梯裡面的監視器已經讓你全都「露」了。

Q 忙碌中或不希望被打擾的時候，如何婉拒過路停留聊天的同事？

當你很忙碌時，碰到想要跟你聊天的同事，請直接跟對方說：「不好意思，我現在正在忙××事，等一下再說好嗎？」若遇到的是主管，就請暫時放下手邊的工作，瞭解主管的用意為何，如果不是緊急重要的事情，也請跟主管表示你正在處理一件緊急重要的事情，待處理結束後再去找主管或完成他方才的交代。

Q 想邀約同事客戶一起出去吃飯，可是又不想請客的情況之下，應該怎麼表達比較好？

你可以說：「我們一起吃個午餐如何？你覺得去那兒好？」而不是：「我帶你去××餐廳吃飯。」

Q 小孩子放假無處可去，可以帶他到辦公室嗎？

當然不可以。辦公室是上班的地方，最好做到公私分明；而且孩子的假期多半事先就知道，建議你儘量提早規劃，才不會影響自己的工作。若有不得已的因素必須帶小孩到公司，請先徵求上司的同意，並且把握以下三個原則：

◆ 請安排小孩在最不影響大家辦公的空間，帶著他的玩具、拼圖或蠟筆讓他有事可做。

◆ 要讓小孩知道這裡是上班的地方，不要隨便在公司走來走去，也不可以隨便打擾你工作。

◆ 不可以讓秘書、屬下或同事幫你看小孩，除非你有緊急的事情必須離開處理。

Q 鄰座同事常常沒有徵得同意就逕自把文具拿去用，該如何表達不滿？

每個人都要自備文具，若臨時要使用而身上恰巧沒有文具需要向同事借取時，應獲得對方認同才能拿來使用；假使同事恰巧不在，借用歸還後也應跟同事告知才有禮貌。若是同事沒有徵得你的同意逕自把文具拿去用，事後也未告知或未歸還，不妨找個機會以開玩笑的口氣告訴他：「以後要借文具的話，請先告訴我一聲，不然我會以為我的文具不告而別、離家出走了。」你也可以告訴他申請文具的辦法，請他自己去申請，或者在自己的文具上標示名字。

Q 在辦公室吃東西時，同事卻走了進來，感覺實在很尷尬。該如何處理這種情況呢？

要視時間而定。若是用餐時間，吃東西是很正常的，除非同事是進來討論「正事」。如果是上班時間，可以用一隻手摀住嘴巴，另一隻手示出「請等一下」的手勢，然後大方的說：「嗯？」、「Yes？」、「有什麼事嗎？」、「要不要吃一點？」……，用你最舒服的方式接話即可。不過，請記得，這時就別再大大方方繼續吃囉。

Q 懷孕之後，在工作場合有需要注意的事嗎？

懷孕以後，生理的變化有時會影響到職場工作，因此你應及早做準備：

◆ **事先妥善做好工作安排**。一旦發現自己的身體狀態無法負荷現有工作，或者準備請產假時，應事先跟上司報告，由上司衡量整體工作進度、重新安排工作事宜；此時你要確實做好工作交接，讓承接的同事可以順利接續工作。休產假期間若公司有任何工作上的問題要跟你討論，也應該撥出時間回覆，儘量不要耽誤公司進度。

◆ **調整產後復職的身心狀態**。生產過後回到職場前，請調整好自己的體力與心態，以利順利復職。提醒你一定要注意自己的儀容，千萬不要因為生產後允許自己儀表凌亂，建議你可以買一、二套適合現在身材的衣服，讓自己隨時展現抖擻精神。

◆ **預先規畫育嬰事宜**。回到職場以後不要一直談論孩子的事，若有人問起，只要簡短說明就好。辦公桌上可以擺放小孩的相片，但不可太大太多；此外，嬰兒的託管照顧也應在上班前就要預先規畫，找到能讓你安心放心的照顧者，才不會在上班時因為擔心孩子而一直打電話，影響工作情形。

Q 當公司有女同事未婚懷孕時，應當如何反應比較好？

首先要提醒未婚媽媽：選擇適合的時機宣佈，不要讓人臆測。而身為同事，在未婚媽媽尚未宣佈懷孕消息時，也應該盡量保持沉默，避免流長蜚短。如果未婚媽媽已經宣佈了自己懷孕的消息，請單純地為她感到高興，此時把關心的焦點放在孕婦和Baby身上就夠了，如果你有生產經驗也可以跟她分享，就是不要一直「拷問」她感情的來龍去脈，如此會造成她的壓力！

Q 在公共場合抽煙是否會傷害專業形象？

抽煙雖然不會傷害你的專業形象，卻會被人解讀成「你正面臨極大的精神壓力，所以需要靠抽煙來紓解。」由於世界上有二種人：抽煙與不抽煙，因此抽煙者一定要顧慮到不抽煙者的心理，千萬不要在他面前公然抽煙；況且政府也禁止在公共場合抽煙，想抽煙的人請務必至指定的吸煙區。此外，抽煙的人一定要記得常常清除嘴巴的味道，嘴巴殘留的煙味在說話時飄散出來，是很不禮貌的行為哦。

Q 下班後同事間的社交活動，該如何參與？

只要找主辦活動的人禮貌詢問如何參加就行了。只是大多數的社交活動都有課程時間及費用產生，例如羽毛球場地的租借費、練瑜珈的師資費、讀書會的採購書本費等。一旦決定要參加就代表你的承諾，若是參加一半就「落跑」，不但會讓原本配對好的人數發生問題（例如跳社交

舞時會少一個舞伴），就連原先說好的費用均攤，也會
因為你中途退出而使得其他同事必須增額負擔、增加困
擾，而你也違背了人際間遵守承諾的禮儀。因此想參加
社交活動的人，一定要做好自我評估；確認了，就請你
嚴守你的承諾。

Q **如何提高自己的「人氣指數」？**

在團體之中受人歡迎的「人氣王」，通常具備以下四大
特質：

◆ **外表好看**

無論男女，每個人都喜歡外表好看的人。大多數的人都
有一種「美就是好」的感覺，所以看起來美麗的人好像
比較有錢、比較有好的工作、比較有好的社會地位等，
十七世紀的德國哲學家康德（Immanuel Kant）就說：
「『美』是不用憑藉任何概念就能讓人喜歡的東西。」
而和有吸引力、美麗的人在一起，別人就會把你和有吸
引力、美麗的人認定是「同一掛的」，自己看起來就會
不錯。

不過，美麗不只是針對天生的長相，更多的時候在於外
表整體形象是否充滿魅力、令人喜歡；例如一個長相英
俊但是穿著邋遢的男人，和一個長相中等但穿著筆挺的
男人站在一起，任誰都覺得後者的魅力大於前者。所
以，如果你天生長得好看就要好好打理你的外表；天生
不那麼好看的人，更要學習如何找到自己的魅力風格，
藉由外表形象讓更多人親近你、瞭解你進而喜歡你。

◆ 說話得體

人在互動的過程中，除了有相似的價值觀或興趣「物以類聚」外，「互補」也是維繫人際關係的重要因素。尤其當你擁有他人沒有的說話特質，別人會因為感覺新奇或仰慕而靠近你。例如：當你在台上做簡報時，流暢的表達能力吸引台下目光，並因此得到很好的回應時，就會特別吸引大家的注意；或者你常以幽默的談吐製造辦公室的歡樂氣氛，讓人喜歡你；還是你得體優雅的說話方式，讓大家喜歡聽你說話；這些都是不太會說話或是說不好的人會崇拜你、靠近你、藉此得到「互補」心理的相吸原理哦！

◆ 優雅禮儀

想在職場上有好人緣，只有外表的吸引力是不夠的。人跟人相處在一起，如紳士淑女般的體貼禮儀才是真正決定人際關係會不會長久的重要因素。例如：和客戶之間除了公務之外是否會適時地給予關懷、問候；和同事之間是否會在自己可以做得到的範圍給予協助、建議；出席社交場合是否能展現落落大方的優雅姿態；和兩性相處是否真心誠實給予尊重等。如果說：外表是翻譯你內在的表達，禮儀就是你氣度、氣質的全然展現。所以，越是體貼真心的舉止動作，越是進退得體、大方優雅的風範，越能讓人欣賞你、喜歡你，想不成為人氣王都難。

◆ **重覆曝光**

美國心理學家羅伯特・扎榮茨（Robert Zajonc）曾經提出著名的「曝光效應」理論：「一個人只要一直重覆出現在你面前，你就會漸漸地對他產生好感。」難怪單戀的人只要頻頻製造與愛慕對象「不期而遇」，就有機會贏得美人心。想要提升職場人氣當然也可以利用這個好方法，尤其在你已經整理好自己的門面、有得體的說話方式以及優雅的舉止風範以後，就要多出現在同事們面前，打個招呼開聊幾句，讓大家不斷看到你，只要重覆看過二十一次就會對你留下印象，當彼此建立熟悉感以後，大家就會逐漸喜歡上你。

Try it

1. 每個人都具備擁有「高人氣」的潛在能力，只要你用心栽培，一定可以開花結果。上述「人氣指數」的四大特質，請挑出自己最強與最弱的項目。最強的請繼續保持，最弱的請加強「修練」，假以時日，相信你在辦公室的「人氣指數」就會越來越高，成為名符其實的「萬人迷」。

2. 將你進入這家公司後想要得到的職位列出來，並且寫下目前在這個職位的主管有哪些特質是你目前沒有的？透過虛心的學習並加強自己的專業能力，每一個努力都是在發展個人特質的魅力，一步步朝向你所希望的職位邁進吧！

Chapter 2

管理禮儀

品牌符號學

邁向專業管理之職

Overcome the Big Challenges at Work

管理是一門專業的學習課程，
透過會議的導引、高明的管理技巧、文化的塑造，
你將如虎添翼，盡顯大將風範，
成為智慧與能力兼備的管理將才。

品牌符號 有效率的會議禮儀

Perfect Image 觀點

競爭力都在開會的細節裡

一場好的會議能夠幫助你達到有效率的管理,它不只是面對公司內部的會議,更是公司與公司間的會議。因此談到會議管理,除了議題的擬定、議程的安排、與會人士的邀請、會議工具的準備、會議記錄的撰寫、會議室環境的佈置、座位的安排、時間的控管……等項目之外,也要注意「會議禮儀」這一環。畢竟能夠掌握一個優質的會議品質,才能真正表現出一家公司、一位專業工作者的專業度與國際觀。鴻海集團董事長郭台銘有句名言:「魔鬼都在細節裡!」當掌握了會議的大方向,勝負的關鍵便在於細膩的細節。

Q 開會應該怎麼穿？

會議的穿著要視公司文化、會議主題與你在會議中的角色而定。一般而言，會議的穿著可以遵循公司的Dress Code，也就是說，公司的Dress Code是西裝，你就穿西裝；若Dress Code是商務便服，會議時就穿商務便服。如果貴公司沒有Dress Code，在嚴謹的會議上，應該穿著比平日稍微再正式一點的服裝；當然你也可以參考其他與會人士的穿著，若有人穿著西裝或套裝，建議你也是如此穿。

若你是會議主持人或報告者，更要注意自己的專業形象，因為站在台上的時候，形象最容易被「放大」，換句話說，好印象別人固然會記得，壞印象別人也同樣難以忘記。此外，主持人、報告者或高階主管可以適時調節會議的氣氛，除了利用口語表達與肢體語言外，當你覺得會議氣氛有點緊繃時，試著脫掉外套或鬆開外套的釦子，就能立刻製造出輕鬆的效果。

Q 重要會議不小心遲到怎麼辦？

就請靜悄悄的進入會議室吧！不要大聲張揚，頻頻說對不起，只要跟會議主席點頭示意就可以了，倘若會議主席為高階主管，則會議的遲到或早退，皆可以行微鞠躬禮。建議你，若事先就知道會遲到早退，請先向會議主席報備，並告知準確的到達或離席時間，如此可以讓主席針對議程做必要的調整，例如先進行其他跟你無關的主題等。

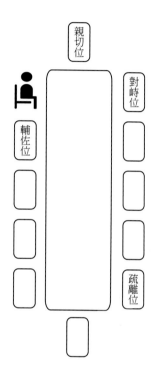

你可以依照不同的需求與會議目的安排會議席次，因為不同的座位安排及導引，都會影響到會議的進行，進而左右會議的結果。以下是以長型會議桌為例的各種不同情況的坐法：

◆ **想表達親切友好的座位安排：**

請坐「親切位」，也就是雙方坐在同桌角的各一側。此外，如果你想舒緩對方情緒，或是上司想安撫下屬時，「親切位」的坐法可讓對方覺得安心。

◆ **嚴肅談判的座位安排：**

請坐「對峙位」，也就是雙方面對面相對而坐的座位。面對面的坐法會產生相互抗衡或嚴肅的氣氛，形成某種程度上的謹慎、距離或緊張感，是當一個人想鞏固立場，或營造正式且嚴肅的氣氛的時候，所採取的坐法。但是當你發現坐在對面的人常跟你抗衡，而此現象已經影響到會議順利進行或效果的時候，技巧的將之調離「對峙位」，可以有效且立即的轉緩氣氛。

◆ **幫助老闆或客戶的座位安排：**

請坐「輔佐位」，亦即雙方同坐於桌子較長的一側。通常老闆的親信會坐在「輔佐位」，給予支援及協助；與關係親密的客戶也可採用此坐法，方便輕聲討論與支援。

◆ **當你想跟對方疏離時：**

請坐「疏離位」，也就是長桌兩側斜對角的位子。會議中，常有口舌之爭或意見迥異、容易干擾會議進行的兩人，可以安排雙方入座「疏離位」。而平時「疏離位」也是關係不佳的兩方會自動選擇入座的位子，所以如果你不想加深與對方的關係交惡，請不要入座「疏離位」。

Q 怎樣的座位適合老闆？

你可以依照會議的主要目的與老闆的個性，安排適合老闆的座位。跟客戶開會時，以長桌為範例，如果老闆想要表現他的權威感，可以請老闆坐在長桌短端的兩端，面門的位置會比背門的位置更有權威感與控制性；若老闆想要傳達親切感，則坐在長端的中央位置有利於炒熱氣氛。平日在辦公室想要更強調權威感時，老闆固定坐的座位可以選擇椅背較高、有手把的「權威椅」，以烘托出老闆的氣勢（有些企業主索性將自己位置下的地板墊高，藉以彰顯自己的高人一等）。此外，在老闆的座位後面設立一面整齊乾淨的牆面或一排書架，也可以有效襯托出老闆的威信。

Q 拜訪一家公司，入會議室時如何選擇座位？

若你是客人，進入對方會議室時一定要先主動詢問接待人員該坐在哪裡？如果對方沒有明確回答，可再進

一步詢問稍後主人坐哪裡？如果對方還是請你「隨便坐」，可千萬不要隨意就座，若坐到主人的位置，就如同侵犯到個人領域空間，那就非常失禮了。在沒有被告知要坐在哪一個位置的情況之下，你可以選擇視覺上可以看到主人進來的位置，當主人進來時你要趕快站起來，等待主人安排座位，並且避免坐到上題所述的位置，因為這些位置都有可能是主人位。

最後建議企業一定要重視接待人員的禮儀訓練，接待人員的一言一行都在為公司做公關，千萬不要輕忽看似輕微的導引帶位、奉茶、接聽電話等動作；確切做好，才能在無形中展現公司優質的文化。

Q 參加視訊會議時，要注意哪些禮貌？

視訊會議是現今企業界很常見的開會方式。如果你應邀參加視訊會議，一定要在開始前就準備好相關的資料（包括熟悉視訊平台的操作），並且要準時，不要讓大家等候。其次，因為與會人士不在同一個空間，所以每次發表意見時，請先舉個手，讓其他人知道現在是誰在說話。此外，參與視訊會議比實體會議更需要注意自己的發言品質：口齒是否夠清晰、音量是否夠大、內容是否有條理、情緒是否夠平穩。輪到別人發言的時候，請不要插話，也請避免製造噪音（如：翻閱資料、移動椅子、接聽其他電話等）。另外，會議結束後別忘了向主持人致謝。

Q 會議時的奉茶禮儀，除了注意清潔之外，還有沒有其他要注意的？

首先，奉茶的先後次序要注意。若參與會議的都是公司內部同仁，要從位階最高的主管先行奉茶，再為幾位次高位階者奉茶；之後，其他的人只需要依座位順序上茶即可。若參與會議有其他公司的人，則要先為客方位階最高者奉茶，之後再依座位順序上茶即可。

奉茶時，請從右後方上，對於第一個人，通常也就是位階最高的人，可以說：王總經理請用茶，之後則不需要再重述，只要直接上茶即可。至於奉茶的時間，以大家坐定之後、會議開始前的三至五分鐘為宜，若在會議進行中奉茶，請放輕腳步，動作輕緩俐落，也不需要說「請用茶」，以免干擾到會議的進行。

Try it

這星期開會時，試著以「親切位」、「對峙位」、「輔佐位」等不同的坐法入座，並體會不同坐法對心理所產生的效應。此練習將有助於你適時適地適人做出最好的會議座位安排。

優雅的出差禮儀

Perfect Image 觀點　　## 好整以暇，從容應對

面對國際地球村的社會，每個人都有派駐外地、國際旅遊的可能，到陌生環境之前，建議你先詢問當地工作的同事了解風俗民情，像阿拉伯人習慣用「牽手」表示友好；日本人交談時通常不直視對方眼睛，而看喉嚨或地上，因為在日本說話直視對方眼睛是不禮貌的行為；而有些地方很注重家庭隱私像是中東，所以如果對方從未提過家人，在送禮或問候時別隨意談論起他的家人。此外，學幾句簡單會話，例如「再見」、「你好」、「謝謝」……等等，並準備

印有中文與當地語言（或英文）的雙面名片，交換名片時，請將印有當地語言的那一面朝上遞給對方以示禮貌。而直接告訴對方，你對當地民情不熟悉，如果觸犯請指正與包涵，並且站坐之間，讓對方來主導調整你們之間的舒適距離，也是非常好的方式。

Q 出差時穿什麼比較適合？

原則上，你可以比照上班時的衣著，甚至質感更佳或更正式，因為出差時，你的身分是代表公司，你的形象就是公司的形象。除此，也請考慮到對方的公司文化，必要時稍微調整穿著，以更接近對方公司的文化，將有助於你商務會談的順暢。

最後請注意：自己身上穿的衣服是不是皺的呢？會不會出門時很整齊，到達目的地卻皺成一團？對方公司會派人來接你嗎？初次見面你的模樣是不是從容整潔？無論如何，到達時請「全程」保持乾淨亮麗的專業形象，走進對方公司時的衣著要整齊光鮮，讓你看起來就是準備好要去參加一個重要的會議，而不是風塵僕僕的倉惶模樣。

Q 出差的行李如何打理？

◆ **先決定最主要場合的衣服。**例如這次出差最重要場合是什麼？需要簡報嗎？出席會議的人有誰？你代表的身分是什麼？老闆與你同行嗎，他會怎麼穿？對方會怎麼穿等，以此最主要的場合決定你需要攜帶的服裝。

◆ **其次決定其他場合的衣服。**以最主要場合的服裝為中心，決定可以與之搭配的其他服裝；例如最主要場合的服裝是西裝或套裝，只要將外套獨立出來，搭配牛仔褲或洋裝就能變成外出參訪服；或者將襯衫換成Polo衫或線衫就可以參加輕鬆的下午茶或午宴等。

◆ **最後決定輕巧方便的配件。**例如領帶、絲巾、首飾等配件，輕巧不佔空間又能提供造型變化，是出差時最方便的好幫手。

Q 出差時，可以全程讓對方請客嗎？

如果你是對方公司邀請的客人，屬於公事的費用可由對方付費；但是你可以選擇一餐表達回請吃飯的意願，甚至事先準備小禮物餽贈給對方，製造良好的互動。而在出差期間，除了公事以外，所有你私人買的東西、紀念品，或者私下去的名勝古蹟、觀光景點等所產生的費用，則應該自己負擔，不能讓對方請客。

Q 單身女子出差，要如何維護個人安全？

下班時間如果要談公事，請約在公共場所，並且穿著正式服裝，絕對不要在自己的房間或男士的房間開會。如果晚上到咖啡廳或酒吧，盡量不要單獨前往，也不要穿得太暴露；和參與的人一起離開，不要自己一個人繼續逗留，以免留給他人不必要的猜想。

Q 出差到不同的國家的握手禮儀要注意哪些？

不同國家有不同的握手文化，例如美國人初次見面時會與你熱情握手，並順帶拍拍你的手臂或肩膀以示親近。歐洲人在碰面前後都會禮貌的跟對方握手，顯示紳士的優雅風範。回教國家如阿拉伯，只有男士之間才會握手，甚至以擁抱吻頰取代握手；至於跟女士之間不但不能握手，也不能觸碰女士身體任何部位才合乎禮節。至於日本人在正式見面時，先交換名片，按位階高低行鞠躬禮（通常位階較低者會先行四十五度鞠躬禮表示尊重，位階高者則鞠躬十五度回禮），最後才是握手。而在我的觀察裡，越靠近熱帶的國家，打招呼的方式越熱情，像是南歐或南美洲的人常以熱情擁抱代替握手禮，就連交談時眼光的接觸也很直接呢！

Q 出差前往其他國家，服裝穿著的注意事項為何？

建議你事先了解在當地穿什麼衣服才合宜，假使你無法肯定，穿著最好走保守路線，一般來說，穿著越保守越不容易和當地民情衝突。職場上，男人的西裝或女人的套裝都是最不易出錯的穿著，並且記得讓服裝有可以變換的可能性，例如穿著西裝／套裝的人若發現自己穿得過於正式，將外套脫掉便能營造輕鬆感，並跟當時的氣氛更能融為一體。而女人的套裝也要隨著國情做調整，在女性工作比例很高的國家如法國，穿著長褲套裝可以營造俐落感，但到女性工作比例較低、注重禮節的日本，改著裙子套裝可以強調氣質從容的女性特質。假使你所到的地方因宗教信仰十分保守，像是阿拉伯，其女子的手肘、膝蓋、胸口都不能被人看到，那麼女性朋友們請入境隨俗，保守精練不暴露永遠是最好的選擇。

如果你經常出差旅行，請為自己準備：

◆ 一個中性色、看起來很專業的行李箱。並且行李箱要大小適中，才不會造成衣服的晃動或擠壓。

◆ 一個專門裝護照和飛機票的皮包，會帶給你無限方便。

◆ 一個簡單的梳整工具包，讓你隨時都能輕鬆整理儀容。

Try it

品牌符號 職場的管理禮儀

Perfect Image 觀點 **新時代的優質夥伴關係**

前 HP 執行長卡莉・費奧莉娜（Carly Fiorina）有一次在接受日本媒體訪問時，媒體問她什麼是一流的領導者？她說，一流的領導者是同仁感覺不到他的存在，卻還能順利運作的領導者；二流的領導者是帶領大家一起打拼，受到同仁佩服敬愛的領導者，許多知名的CEO乃屬於這類的領導者；三流的領導者是使人敬畏且害怕的領導者；四流的領導者是即使擁有權力，卻私下被看不起的人。

一流領導者需要先經過二流領導著的經驗與洗煉，而二流領導者所需具備的態度就

如美國玩具大廠美泰兒（Mattel）的CEO，羅伯特‧埃克特（Robert A. Eckert）先生所說的：「每一位員工都渴盼他們的領導人具備切實但不高傲的行止。那些出自員工內心的崇敬與愛戴，以及他們為公司矢志效忠的精神，乃是一種無法用言語形容的責任感和信賴。」因此，領導者的一言一行與其和部屬間的互動關係，都牽引著工作上的互信合作，並激發更大的工作效能；所以如何啟動優質夥伴關係，化身「人才磁鐵」，吸引各種不同的人才來共同完成夢想，是每位領導者的必修功課。

Q 如何培養領導者的風範？

曾經有一位總經理告訴我：「一旦坐上高階主管的位子以後，你不再是你自己，而是這家企業。」也就是說，當你成為企業的領導者後，每天要面對員工、客戶、競爭對手甚至於媒體，每個人都睜大眼睛看著你，你的言行舉止、衣著打扮、行事作風代表整個工作團隊，你的形象就是整個企業的形象。所以，你的每一次亮相、每一句語言、每一個動作都必須經過深思熟慮、調整塑形成最符合領導者的樣貌、最符合企業精神的氣質，才能產生信服力、發揮領導者的魅力。

在我的形象管理學院就有一堂專門為老闆、專業經理人、高階主管設計的課程——「領導者形象包裝」。此課程依據每位領導者的個人特質與所屬企業做個人形象包裝整合，包含領導者的專業穿著、口語表達與禮儀風範。一開始我會先與本人會談，了解需求、期盼與願景；例如有一位客戶是某製造業的CFO兼合夥人，他最大的困擾就是和其他高階主管站在一起時，明明穿著高級名牌西裝，客戶卻總是將他當成助理，看不出他是公司合夥人讓他很不是滋味，因此希望我能為其加強老闆形象、增加分量。

溝通了解後，我會整併他的特質、期許和企業形象，設計出專屬個人領導者風範的方法：可能是調整穿著打扮增加領導者的權威感，或是修正說話方式展現領導者魅力，或者微調站姿、眼神、笑容讓他更親切等。

藉由「領導者形象包裝」修練，每位領導者都能找到最適合自己的風範：

◆ **領導者的專業穿著**：想培養領導者氣質，請從服裝開始著手，改變外表是最簡單的形象投資。領導者穿得像領導者，這等於是一種無形卻有力的宣告：我準備好接受公司交予我的責任和挑戰！並且不要忘了你的穿著將會對員工行為造成很大影響，因此除了奉守公司的Dress Code，更要重視質感；畢竟大家都在跟你學，想要下屬穿得好，你只有穿得「好上加好」。

◆ **領導者的口語表達**：領導者面對主持會議、簡報甚至演說機會很多，如何將腦中的想法化為清楚、邏輯、系統的傳達，讓他人馬上聽懂並產生信服力；或是在提問、引述、表達時，如何藉由適度的肢體動作與臉部表情，輔助或強化說話的力度，都是需要加強的口語表達修鍊項目。

◆ **領導者的禮儀風範**：你會發現每一位成功領導者都擁有如超級明星的特質？他們的儀表、舉止、表情牽引著每個人，走姿、站姿、坐姿散發泱泱氣度，幽默睿智的語言啟發人心。這或許是天生，更可以是後天的訓練。建議每位領導者都能接受禮儀風範的訓練，啟發內在獨特的領袖魅力，因為同樣都是禮儀風範修鍊，可是高階、中階和員工所該著重的重點卻不盡相同；就像古時候的《論語》對帝王、臣子與人民，都會帶來不同層次的深度、廣度的領悟一樣。

Q 身為上司，需要主動和員工打招呼嗎？

「和老闆不期而遇」常讓有些員工一時之間不知所
措，只好閃避不語；比較害羞的員工，也會因為不
好意思而沒有主動跟老闆打招呼。遇到這種情況，
建議你可以主動跟員工打招呼，不需要把員工的被
動反應和低頭閃過解讀為「不禮貌」，主動親切打
招呼反而可以展現你的親和力。

Q 和秘書的相處之道？

秘書是老闆最密切的工作伙伴，正因為如此，有
些事情更需要特別注意，才不會造成秘書的困
擾。例如：尊重秘書的私人時間，除非是非常重
要的公事，否則不要在下班後或假日打擾他；
跟秘書一起出去拜訪廠商、客戶，或者有人來訪
時，請記得將秘書介紹給對方。最後，別忽略了
生活中的禮貌，常說「請」、「謝謝」，是人際
間彼此互動的基本尊重。

Q 可以請秘書幫忙撥打電話，等電話通了之後再轉接過來嗎？

職階高對職階低的同事可以如此，但是在職位相同的情況之下，建議你宜謹慎處理。某公司的財務部協理曾告訴我，他們公司人事部協理每次找他都請秘書接通後才接電話，讓他心裡很不舒服；明明職位差不多卻要透過秘書來轉接電話，好像自己的職階低了一級似的……。不只如此，請秘書撥打電話的動作也會讓秘書之間產生「哪個老闆比較大」的心理，是很不明智的行為。因此我會建議，除非你的工作很忙碌或一時記不起對方的電話號碼請秘書幫忙，否則仍是自己親力親為，才不會傷了與同事朋友間的感情。

Q 想送部屬生日禮物，恰巧覺得他應該學習網路的相關知識，所以想買網路課程券送他。這樣合適嗎？

建議你將送禮與職業訓練這兩件事分開處理，特別如果只是你單方覺得部屬應該接受訓練，而不是他想接受訓練的時候，反而會造成彼此間的誤會與隔閡；畢竟送禮是為了表達關懷或祝賀，何不就讓這份禮物忠於原意、溫馨到底呢！

Q 對於穿著不得宜的員工該如何告訴他？

不同員工有不同的處理方式。若是新進員工，可以私下告訴他，並且請他依照公司正式規定的服裝形式來穿著。如果是能力好、表現佳、可惜穿著不得體的在職員工，不妨先肯定他的工作表現，再進一步告訴他，希望他在穿著上改進，讓外表與實力相輔相成。若此員工是已經被拔擢的人，可以提醒他，升職的同時，服裝上也要同步升級才好。

此外，你可以聘請形象顧問幫忙規劃員工的專業穿著訓練。有時在推動公司文化時，某些專業領域藉由專家的角色來啟發與傳達，比老闆自己佈達的效果還要好，「外表穿著」就是其中之一。因為多數人覺得一來專業最重要，老闆應該注重我的專業、而非我的外表，二來他可能不覺得自己穿得不好，三來他或許認為老闆也穿得不怎麼樣，何以教導他如何穿？因此在沒有事先開啟員工專業穿著知識的情況下，老闆教導穿著是一種尷尬、傷感情的事。花點經費延聘專家，反而在整體上省錢、省事、效果更大。

至於如何讓聘用的專家達到最大效益？提供兩點建議：

◆ **事先溝通。**常有企業老闆請我去做員工專業形象教育訓練時才告訴我：「陳老師，請你告訴我們的員工要怎樣穿才專業。」其實，全權交付給未經溝通的專家，讓未溝通的專家指導你的員工怎麼穿，就等同由

他來塑造你的公司文化，是一件很危險的事情；況且，
「普通一般性的建議」只會產生「普通一般性的企業文
化」，不可不慎。所以，一定要事先和形象顧問做好全
然溝通。一位專業的形象顧問知道如何將員工的形象與
企業文化做最密切的結合，並且知道如何分析服裝語
言，讓員工的穿著具體呈現企業文化與形象。

◆ **訂定專屬Dress Code**。對於員工專業穿著的教育訓練，
企業需要的不是服裝設計師或是彩妝講師，而是形象顧
問，這三者的專業領域與重視面向是不同的。專業的形
象顧問可以輔導公司依照部門、職等訂定出公司員工應
依循的Dress Code（服裝形式），讓部門、職等呈現整
體形象的一致性，更能精確傳遞公司企業的文化精髓，
提升專業優質的競爭力。

Q 員工可以在辦公室穿拖鞋嗎？

我的建議是不適宜！因為穿著不同顏色、不同款式的拖
鞋在辦公室走來走去，不但讓公司專業的形象與工作氣
氛立即破壞殆盡，還會有此公司管理鬆散之感。但是，
若你的公司文化和工作性質允許員工穿拖鞋，例如創意
廣告公司、電子科技業的工程師或媒體公關的活動企畫
部門等，因工作性質比較不需要跟外界會面，加上想要
營造輕鬆創意的工作環境，而允許可以在辦公室穿拖鞋
時，我會強力建議：應該由公司統一採買拖鞋，不但整
齊劃一不凌亂，還能傳遞出創意實驗室、創意工作環境
的特殊文化，對公司反而有很大的加分作用。

Q 給員工穿制服好嗎？若員工穿制服，有沒有什麼需要注意的？

這要視行業別與公司文化而定。穿制服的好處是：整齊劃一、增加團隊認同感、不會有員工突然「奇裝異服」來上班的困擾、員工可以省下不少治裝費等。至於壞處則是：比較沒有創意、對某些員工而言反而是一種制約、降低員工的創意和活力，並且萬一制服不好看，反而降低公司形象並引起員工抱怨。

以下是設計公司制服注意事項：

◆ **公司制服要符合公司文化**。例如我在為台灣人壽、長榮鳳凰礁溪酒店以及LEXUS設計制服時，會先和企業高階主管密集溝通企業精神與價值，如此才能讓制服成為整合企業文化、願景和方向的形象工具。

◆ **公司制服要符合員工需求**。制服務必力求質感佳、好看、舒服、妥貼，讓員工俐落有型又能活動自如，才能讓員工樂意天天穿它來上班。

◆ **公司制服要統合整體搭配**。制服不只是衣服，還包含鞋子、包包、名牌等配件，以及彩妝、髮型、體味等儀容細節。我常看到設計一流的制服，被員工腳上一雙球鞋或臉上不協調的彩妝破壞了質感，非常可惜；因此，公司需要進一步要求整體制服搭配的規範，才能讓制服完整呈現公司的氣質與文化。

Q 公司的正確接機流程是什麼？

我曾經為中國知名電器企業規劃符合國際商務接待禮儀的 **SOP**。該公司電器產品外銷各國，幾乎天天都有國外客戶來拜訪，雖然公司的電器產品品質優良，為中國屬一屬二的知名品牌，但是高階主管期許同仁們的服務應對能更國際化、更細膩化到深入客戶的心，才有辦法保有客戶忠誠度並維繫企業競爭力。

我與該公司的初次接觸從「接機」開始。當天我到機場已是晚上十一點，我很自然地在舉牌接機的人群中尋找接機人員；由於遍尋不著接機者，只好打電話給接待的司機。電話接通後對方告知我走出七號門等候，對環境極陌生的我們勉強拖著行李到七號門前等待，五分鐘後才看見馬路對面一位穿著「輕便」的人對著我們揮手，要我們拖著行李過馬路。好不容易進入車子後座，我先聞到車內隱約的霉味，然後看見車裡放置司機私人的衣服與破損的過期雜誌；當司機邊開車邊喝礦泉水時，我們雖然口渴也沒有水可供解渴，這樣的接機經驗讓我感覺自己是不被重視的客人……。

隔天見到該公司高層主管時，他們的熱情接待又和接機有天壤之別，於是我向他們反映公司的接待落差，剛開始對方感到訝異而不好意思，但隨即卻非常感謝我告訴他們這點。

我進一步表示：相信我的經驗是國外客戶的共同經驗，只是不好的感受，客戶多半選擇放在心裡不會講出來，但是機場接迎是客戶與公司接觸、建立首次印象的重要契機。一旦客

戶在一開始就產生負面感受，此負面感受就會像濾鏡般如影隨形，讓客戶也帶著相同感受去經歷所有的過程，輕則在會議談判上，有意無意給予刁難、增加執行難度，重則對公司印象大打折扣，甚至完全失去信賴感。我們經常在案子發生困難或失敗時深入檢討，殊不知真正的痛點可能僅在機場接機這種微不足道的「小事」上。

因此，我建議公司要明訂正確、嚴謹的接機流程供員工遵循：

◆ **清晰的接機舉牌**：接機的舉牌上要清晰註明公司名稱與客戶名字，最好以電腦打字才顯工整，而非潦草的書寫令人印象不佳。

◆ **整齊的服務儀容**：接機人員包含司機需要穿著整齊乾淨的服裝，例如西裝外套、襯衫、長褲等，頭髮要梳好、女士要上妝、不可以嚼口香糖等，保持良好的儀容就是公司最好的第一印象。

◆ **乾淨的車內空間**：接待的車子要保持內外乾淨，不可置放私人物品。建議你可以放置簡單的礦泉水和點心，讓長途飛行的客戶享用，感受公司對細節的態度；並且在後座擺放公司簡介與報導公司的雜誌等，讓客戶得以翻閱產生連結。

◆ **體貼的事前提醒**：接機細節請事先以Email或手機提醒客戶，例如司機會舉牌在入口處等候接機，或如果司機無法離開車子，也要提供客戶等候處的詳細位置與司機特徵、車牌號碼等；此舉不但展現公司尊重客戶的心意，也能節省客戶時間，預防久候無人時產生的負面情緒。

Q 公司該如何杜絕道人長短的文化？

「道人長短」的行為如同蠹蟲，終有一天會腐蝕一家企業的文化，因此聰明的管理者一定要杜絕這種文化，讓你的企業成為可以「正面解決」問題而不是只想「負面抱怨」的優質企業。一家連鎖企業的老闆曾經跟我分享他的智慧：在他的企業體系裏，有很多人會在他面前打另一個人的小報告，令他不勝其擾；因此他想出一個方法：以後任何一個人來他面前說三道四，他就會和氣地請那個人直接在會議上公開說明，如此不只杜絕了此種會影響企業正面文化發展的壞習慣，將不必要的問題消失於無形，也讓每個人瞭解，要為自己說出來的話負責任的道理。

Try it

1. 找出你公司的文化特色，瞭解自己想要塑造的公司文化是什麼？

2. 透過開會佈達、請專家演講、專業教育訓練等方法，讓你的理念能夠正確被宣導執行下去。

3. 請人事相關部門或專業的形象顧問為公司做一次可以被傳達的Dress Code，此Dress Code需符合公司長遠的發展與品牌形象的聯想。

Perfect Image 觀點　管理情緒從情緒表達做起

現代人生活壓力龐大,在職場上常看到職場工作者不小心發生情緒失控的事件,例如咆哮、摔東西、哭泣或大喊:「我不幹了!」只要一年發生一次失控,就毀了你整年的努力,得不償失。若分析情緒失常的原因,往往都是負面情緒沒有得到紓解;當心理的垃圾沒有定期清乾淨,經過長時間的累積後,精神終於不堪負荷,因此只要當下一碰到不順心的事情,即使只是小事,也會猶如壓倒駱駝的最後一根稻草,讓情緒整個失控、潰堤。

Q 職場如何處理「抱怨」？最該避免的情緒失控行為是什麼？

我將抱怨分成二個部分，一個是「聽抱怨者」，一個是「說抱怨者」。當同事因公或因私跟你抱怨時，健康的「聽抱怨者」要有轉化負面情緒為正面的能力，引導同事朝向正面解決的態度而不是陪他一起抱怨，例如主動分享成功的工作經驗提供他參考學習，就是很好的方式。

至於「說抱怨者」，我真心建議你應將抱怨說給朋友聽而非同事聽。畢竟抱怨只是一時的情緒，通常當事者抱怨完以後，就會忘記自己剛才在抱怨什麼，可是在職場上，誰能保證同事不會把你的抱怨說出去？或者在競爭時，不會把之前的抱怨帶入競爭中？而如果你有跟同事抱怨，當事過境遷、情緒平撫之後，請記得跟同事說你已經沒事了，免得同事心中還存有你抱怨不滿時的印象。

此外，職場上請避免發生以下情緒失控的行為：

1. 在辦公室當場哭泣、發怒、大吼、動粗、摔東西。
2. 情緒化的言論，例如：大喊「我不幹了」、「我要擺爛」等。
3. 失去理智口吐惡言，或在電話跟人吵架、咆哮。

Q 如何做好情緒管理？

情緒管理牽涉到「人際關係」的處理，因此除了適度表達自己的想法和感受之外，最好的辦法還是要轉換成積極的方式和樂觀的心態來處理、化解。我的好朋友，也是台北市立教育大學心理與諮商學系的教授趙家琛博士跟我交換的情緒自我管理的方法很有效：

◆ **察覺自己真正的情緒：**
時時提醒自己注意：「我現在的情緒是什麼？我現在有什麼感覺？」不論是處於何種情緒當中，都應該先暫停一下，把注意力從外界的人、事、物拉回來，仔細去體會自己此時此刻的心情。

◆ **接納自己的情緒：**
你可曾想過：「我不能生氣，生氣表示我沒有能力控制自己的情緒」，或是「我不可以焦慮，焦慮只會讓我的表現更糟糕……」，而去壓抑或責怪自己的情緒嗎？其實情緒的發生是很正常及自然的，情緒本身並沒有對錯、好壞之分，每個情緒的發生都有其意義，都反映我們真實的感受，不要急著去壓抑、否定自己的情緒，也不要隨之起舞衝動行事，我們需要的是以坦然開放的態度與情緒對話，學習去接納、了解，並與它和平共處。

◆ **了解情緒背後的原因：**

我們的情緒反應究竟是怎麼來的？我為什麼會有這種感覺？仔細去分析的話，可以發現到在事件與情緒反應中間其實還有認知、想法層面的存在。也難怪雖然遇到同樣的失戀事件，有人可以積極面對、有人卻感到生不如死，可能前者以為「下個女人會更好」、後者卻執著於「沒有你、我就活不下去」的想法所致。找出引發情緒的原因，才能對症下藥。

◆ **以合宜的方式紓解情緒：**

當情緒過於強烈、無法冷靜下來思考的時候，為免被情緒淹沒、衝動作出一些失去理智的行為，可以藉助一些方法來加以緩和或紓解。像是大哭一場、找人聊聊傾吐、或塗鴉寫作……等方式，來宣洩情緒的能量；也可藉由靜坐、冥想、放鬆、聽音樂……等活動來平靜自己的心情。

◆ **轉換想法、改變心情：**

情緒調適的根本之道，還是在於適當轉換我們對該事件的負面想法及感受。練習去中斷困擾自己的負面念頭，嘗試換個角度看待問題，以持平、客觀甚至樂觀、正面的方式來思考，並培養自己具有合理、彈性的信念及價值觀，相信一定能擺脫困擾情緒而擁有好心情。

Q 對同事的舉止忍無可忍的時候，可以表達不滿嗎？

每個人都可以適度表達你的不滿，尤其是同事不恰當的言行舉止造成工作困擾時。但是表達不滿並非發洩你的情緒，而是運用智慧找出問題所在、聰明化解、讓工作順利進行。有趣的是，大多數的人只要透過理智的分析，通常會發現原來忍無可忍的人與事其實並沒有那麼嚴重，是我們自己加入個人情緒才放大問題的嚴重性；所以，只要你能依照以下做法，就能順利轉化負面情緒為正面能量：

◆ **掌握問題的重點**。開口之前，請先冷靜分析整理自己不滿的原因與其可解決之道。千萬別讓枝枝節節的芝麻小事模糊焦點，過於瑣碎的表達，容易讓人顯得情緒化；而當聆聽者覺得你的「不滿」起因你自己「情緒化」時，溝通的焦點很可能變成你的「情緒問題」，你真正想要表達的事情以及彼此溝通的效果就會大打折扣了。

◆ **別越級發牢騷**。對同事的不滿千萬不要越級跟上司抱怨，這樣做可能會讓人誤會你在打小報告，任誰都不願意成為別人眼中「愛打小報告的人」！若是跟同事「直接溝通」無效，建議你可以向上司請教如何解決，此時應注意平和理性的只講「事實」，而不涉及人身攻擊。

Q 在公開場合遭受到批評時，要如何應對才好？

在眾人前面遭受批評，的確讓人覺得不好受。但是
如果我們讓自己受制於情緒的起落，不但對解決問
題沒有幫助，還會讓場面僵化或者使問題更惡化。
所以最重要的還是：保持冷靜，解決問題。

別忘了，所有的人都在看著你，等待著你會如何反
應。在這樣的時刻，請先深呼吸（建議你做腹式
深呼吸而非胸腔深呼吸。因為胸腔深呼吸會帶動上
半身明顯的起伏，你以為自己控制得很好，別人卻
知道你只是在壓抑，而非真的平靜），不要有任何
情緒化的反應，也不要使用任何帶有情緒色彩的語
言。永遠記得──針對事情本身發言就夠了。如果
是當場無法回答的問題或場合不適宜回答（問題涉
及人身攻擊或批評者過於情緒化），可以委婉的邀
請對方私下再做討論。

你的臨場反應，正可以展現出你洗鍊的智慧丰采！
更何況如果對方真的是惡意挑釁，目的在使你難
堪，你的冷靜沈著應對和風度，無疑是反將對方一
軍，反而讓他自討沒趣、莫可奈何。

Chapter 3

穿著禮儀

品牌符號學

專業形塑成功形象

Dressing Appropriately

衣服，已經不再是個名詞，
而是關於「你是誰」的代名詞。
男性與女性，在不同場合中
都有屬於自己的服裝語言；
唯一不變的，
是專業魅力的展現，與成功夢想的追求。

品牌符號 專業的形象禮儀

Perfect Image 觀點 隨時隨地散發專業的Image

服裝語彙所表達的意涵超過我們的想像，在競爭激烈的職場中更顯而易見，誠如《The Language of Clothes》的作者艾莉生‧魯里（Alison Lurie）所說：「在我與你尚未在會議中或派對上交談之前，你即以你的穿著宣告了你的性別、年齡以及階層，而且也很可能給了我關於你的職業、出身、性格、主張、品味……以及當下心情的重要訊息……。我可能無法以文字描述我的觀察所得，但是我卻已不自覺地把這種訊息銘刻於心了。」穿對衣服，可以讓言談舉止更具說服力，可以更迅速地在陌生人的腦海裡建立起專業且值得信賴的形象，甚至留下深刻的正面印象，從而贏得更多成功的契機。

不論你投入那一個行業、從事什麼樣的工作，最需要練就的功力之一就是：讓別人在看到你的第一眼，就決定信任你。而你的模樣看起來需要夠專業，你才能馬上獲得別人的認同，或者堪稱值得一較高下的對手。

衣著，是事業的投資。買幾套你能買得起的最好的上班服，尤其和真正的大老闆、大客戶談事情時，他們不只要求自己穿最好的，也會從你的衣著評斷你是否夠資格跟他們談生意；就算大老闆們自己本身穿得不好，世面見多的他也懂得分辨衣服質感的好壞。再說，穿上自己覺得專業又好看的衣服，不但讓自己心情愉快、面對重要的人事物更有信心外，還能提升工作效率、建立「物以類聚」的好人脈，這些效益可是無法用金錢衡量的。

Q 剛踏入一家新公司要怎麼穿？

一般專業穿著分成「全套套裝」、「半套套裝」、「商務便服」、「休閒便服」四種形式，每一種都代表著不同的職場文化意義，你可以依循以下的標準觀察並找出自己最適宜的穿著模式：

◆ 看公司的同事都怎麼穿，就跟著他們這麼穿吧！因為大部份同事的穿著代表著這家公司的文化。

◆ 萬一沒有依循的標準，那麼就看老闆怎麼穿，因為老闆通常是最好的文化指標。不過這裡所說的「老闆」，不是公司的大老闆，而是你上一級的主管。

◆ 如果你的「老闆」穿得不怎麼樣，就看看同階層的「老闆」怎麼穿，選擇最正式穿著的老闆的穿衣模式。

◆ 若是同階層的老闆也沒有辦法給你答案，請觀察在你這個行業中，百分之八十的成功人士的穿著，他們會是最好的學習對象！

Q 怎樣才知道自己的穿著是否合宜？

聰明的人看得到別人，有智慧的人看得到自己；評估自己的形象的確不是一件容易的事。曾經到我形象學院上〔衣Q寶典®〕課程的一位學員分享：以前他總認為自己的穿著絕對沒有問題，直到公司拍團體照時，才發現自己原來是這麼「突出」——在一字排開的同事中，他顯得格格不入。恍然大悟的他也才決定趕緊修正，調整自己的穿著打扮！因此，如果你想知道自己的穿著是否已融入公司文化，利用拍團體照的方式，是不錯的檢驗方法！

另外，你也可以拿一張自己穿著上班服的照片，將臉遮起來，在不讓對方知道這個人是你的前提之下，詢問你的客戶、朋友、同事等，請他們描述照片中這個人的身分、年齡、工作性質、職等、收入、教育程度、個性等；你會發現有許多出人意料的答案，從這裡也可以深刻瞭解自己的穿著是否合宜？是否「表裡如一」？是否為你的形象帶來正面意義？

Q 事業要成功，是不是一定要「Dress Up」？

「Dress Up」泛指提升穿著的正式度、質感或專業度。穿著有時候是一種策略，成功的穿著策略應該適時、適地、適人，把握住「物以類聚」的大原則。例如在出席正式場合時、想展現專業時、與上司或重視質感的人會面時，「Dress Up」就是必須且應該的。

但若是銷售人員去拜訪家庭主婦類型的客戶時，穿得過分正式嚴謹，反而容易產生距離感或為對方造成壓力，生意可能就談不成了；此時，適時的「Dress Down」反而能帶來更大的助益！

Q 專業如何被「看見」？

沒有被看見的專業謂之「能力」，被看見的專業謂之「效能」。職場上，專業的努力唯有被看見才有可能進一步發揮所長，而讓自己的專業被看見正是成功人士之所以成功的關鍵之一。

那麼如何讓你的專業被看見？請將專業具體表現化為「行動、言語、外表」，也就是我在為企業做員工專業形象訓練時常常強調的：「Professional ＝ Act Professionally＋ Speak Professionally＋Look Professionally」。畢竟「專業」兩字很虛無，所以我將專業的表現整理成以下具體項目，提供你在行動專業、言語專業、外表專業上，做為檢測自己的標準。

◆ **行動專業**：包含得體的稱呼、誠摯的眼神、親切的招呼、適當的距離、個人的姿儀風範、國際社交禮儀等，從行為舉止中展現你的專業與內涵。

◆ **言語專業**：包含魅力溝通、成功的簡報、說話的語氣、手勢、肢體動作以及臨場答問技巧等，從口語特色中傳遞你的專業與智慧。

◆ **外表專業**：包含建立個人形象品牌識別、個人風格定位、權威與親切的搭配技巧、品味服飾規劃等，在衣著形象中呈現你的專業與魅力。

因此，當你覺得自己能力很強卻沒有獲得賞識，工作很努力績效卻不彰，或許應該思考檢討自己彰顯專業的能力、也就是形象管理的能力，是否需要做調整與改進了。只要能從以上「行動、言語、外表」去修正，相信專業將更容易被「看見」，展現自己的機會變更多，成功也將更容易。

Q 銷售人員應該注意哪些穿著禮儀？

銷售人員的穿著所面臨最大的挑戰是：怎樣的穿著能讓客戶感覺高級而不高傲，稱頭卻不滑頭？其中最大的訣竅就是：挑選看起來專業卻保守，帶給客戶舒服的感覺、卻不會吸引過多注意力的服飾。

銷售人員的穿著，最好以客戶的身分地位、穿著為依歸，服飾的品質與正式度必須與客戶的類似，甚至稍好，這樣比較容易贏得客戶的認同與尊重。其次，穿著打扮要符合產品的形象，例如：經營保險、金融產品，可以在正式、專業的穿著中帶點親切感；推廣化妝品，則要穿得美麗大方。如果必須攜帶很多文件，那麼請務必準備一個好的公事包，容量要夠大，裡面每一層都分隔得整整齊齊，如此在拿取資料的時候，才能給人井然有條的好印象。另外，最容易被忽略的鞋子，也要特別注意，再好的鞋如果有髒污或磨損，都有可能讓你好不容易快談成的生意，在關鍵時刻前功盡棄。

Q 老闆穿不好，也代表我們要跟著穿不好嗎？

千萬不要因為你的老闆不太重視自己的外表，就以為自己也可以不必穿得專業正式；要知道，老闆這樣做絕對不代表他認為你也可以這樣做！我有一位在科技公司當老闆的朋友，他平常穿著都很隨性，可是有一天他竟然向我抱怨，他覺得他的女祕書穿得不好，讓他很沒面子！你瞧~人本來就是十分「視覺化」的動物，所以在你尚未當上老闆之前，請謹守穿著得體專業的本分！

Q 從研發部門調到銷售部門，工作職務有了異動，在穿著上需要改變嗎？

當然，工作改變，穿著也要跟著改變。簡單的說，就是要「穿衣隨境轉」！看看你的新同事怎麼穿，跟著他們的穿著來做調整，這樣能讓你以最快的速度融入新的工作團隊。不只是換新工作、新部門，如果你升官了，衣服也要跟著升級，如果穿著還是跟以前一樣，很可能會讓人產生「你還沒準備好迎接新職務」的潛在印象。

Q 公司實施「休閒星期五」的穿著，若剛好星期五要見客戶，這樣的穿著會不會太隨便？

正如「墨非定律」，世事就是這麼「巧合」——當你穿得越隨便的時候，撞見重要人物的機率就越高。休閒星期五，如何穿著輕鬆又「可登大雅之堂」呢？其實很簡單，只要在辦公室準備一件正式的西裝外套，以及一雙正式的鞋子，萬一有訪客蒞臨，就可以立刻「變身」，化解危機。好印象不容易取得，壞印象別人永遠記得，避免小缺失讓形象破功，請謹慎營造每一天的好形象！

Q 在公司的宴會中，和直屬主管「撞衫」怎麼辦？

會發生這種狀況多以女性為主，撞衫確實讓人不好受，尤其當你狠心買了名貴的衣服，竟然撞衫了，實在讓人生氣又失望。一旦發生撞衫，考驗的是你危機處理的智慧；如果是跟上司或重要人士撞衫，我的建議是：儘可能以最快的速度換裝，迅雷不及掩耳地迴避掉這個尷尬情況。

如果對方不是高階主管卻碰到撞衫時，有沒有辦法化危機為轉機呢？我有一個學員說，他有一年尾牙和公司的客戶撞衫，真的超級尷尬；不過她馬上放下尷尬的心理，主動跟對方說：「沒想到我們的品味一樣好！」這麼一句話便「四兩撥千斤」地化解了兩人撞衫的尷尬，還因此交換名片，聊起共同的品味和興趣，成為當天最搶眼的雙胞胎姐妹。

想要避免發生撞衫事件，你可以遵守以下原則：

◆ 成套的服飾，不要一整套原樣穿著，最好拆開來和其他衣服混搭。如此，一套衣服不但有更多種穿法，也更有創意，並保證你不會碰到撞衫的尷尬。

◆ 非常特殊的款式，在重要場合最好避免穿著。（如果撞衫，特殊款式一下子就會被認出來。）

◆ 出席重要場合之前，若其他參與人士有你的朋友，不妨事前相互溝通一下彼此的穿著。

Q 上班使用香水有沒有什麼要注意的法則？

在這裡，我想將香水的定義擴大成「味道」來討論。每個人身上都以獨特的體味為基調，再依狀況加上各種不同的味道，可能是餐後菜味、煙味、酒味、香水味、美髮、美體產品味道等等。各式各樣的味道充斥在我們周圍，而人的嗅覺是無時不在的，當身上有「不悅鼻」的味道傳出來，真的很可怕；更可怕的是，處理事情不當時，別人可能會直接告訴你，但是身上有難聞的異味時，就算是密友或家人，往往也不會告訴你。所以，對於自己身上的味道，一定要謹慎看待。

香水要如何成為吸引人的「香味」，而非不受歡迎的「異味」呢？我的建議是：學習法國女人吧！我們常常聽到「法國女人香」，指的就是——當這個女人離開時，你會聞到一股淡淡的香水味（而不是一進來就聞到她的味道）。這種「法國女人香」的香味必須要靠得很近才聞得到，所以香水千萬不要噴得很濃，尤其在公司或人多的地方，大家擦的香水味有可能會混在一起，擦得淡一些，可以避免味道混雜所產生的難聞空氣。男性噴古龍水時，也應該注意同樣的原則。

此外，擦香水的時候，千萬注意不要讓香水味和臉上擦的粉味、髮膠香味、或古龍水味混雜在一起；因此，當你決定要擦香水時，就連除汗劑或香皂，都要選擇沒有香味的比較好。

Q 高階主管如何應付一天不同場所的穿衣需求？

如果你認為一套西裝或套裝就可以走遍天下，那實在是很危險的觀念，像女性在公司以外的社交宴會中，穿著套裝會顯得既無趣又不合乎禮儀。建議你每天出門前照鏡子時思索一下：「我今天穿的這套衣服，足以應付今天所有場合嗎？」你可以依照需求讓自己當天的穿著有彈性，或者帶著小配件換裝。

當然世事總難料，偶發狀況還是會有，所以你平時可以為自己準備一個小小的「辦公室衣櫥」。所謂的「辦公室衣櫥」，並不是真的搬一個衣櫥到辦公室，而是利用可以「以小搏大」、「以少搏多」的單品，例如小巧的絲巾或領帶等配件，放在你的辦公室或是車子裏，就是很棒的「活動

衣櫥」。巧用絲巾或領帶的圖案或顏色就可以讓原有的衣服改變感覺，創造視覺的豐富感。而放件休閒長褲或Polo衫對職場人士也有很大的幫助，例如下班後KTV聚會，穿著及膝窄裙或西裝褲恐怕讓你活動不方便，換件輕便的休閒服，即能減低正式服裝的嚴肅感。另外，不是下班才會有活動，有時中午客戶會熱情邀你進餐，談公事、話家常，若穿西裝外套嫌嚴肅拘謹，建議你在辦公室或是車內擺一件線衫外套或夾克以利替換，一方面減少西裝帶來的距離感，另一方面增加你的親和力，讓氣氛活潑一些。

Q 身為高階主管，有什麼穿著的簡單準則可以依循？

如果希望打造出高階主管專業、權威、有魅力的形象，請記住以下三項穿衣原則：

◆ **要挺**——主管的服飾一定要挺。例如西裝、套裝、長褲或裙子，面料與線條較挺的服飾，看起來就是比癱軟在身上看起來有權威感，例如：燙得很挺的襯衫永遠比布料軟或皺的襯衫更能展現你的權威氣勢。

◆ **要包**——主管比起一般職員在穿著上，更要謹守「包裹」原則。男士不可隨意露出胸肌、露出手臂、露出腿毛；女士則不袒胸露背、不露全手臂，至於裙子長度，不要短於膝蓋十公分以上，總而言之，職場黃金定律：「皮膚露出來越多，權威也就漏掉越多」！

◆ **要明確**——不管你今天選擇的服飾是什麼，穿著一定要「明確」！首先，「款式」要明確：洋裝就是洋裝，襯衫就是襯衫，不要因為追逐流行，讓人看不懂你穿的究竟是洋裝還是襯衫。其次，「色彩」要明確：明確乾淨的配色，有「塑造權威感」的心理學效應。主管的上班穿著，儘量不要有太「模糊」的配色，像黑套裝搭配白襯衫，權威感十足；深藍背心加上淡藍上衣，簡單大方。但如果黑色套裝搭配有土黃條紋的灰色襯衫，太多混色，看起來就不夠明確，傳達不出你的權威感。其實服飾配色不明確倒是還好，不過萬一不小心讓別人聯想到「做事不明確」的負面評價，可就事關重大了。

Q 主管的穿著和管理績效有關係嗎？

當然有！國外曾經做過一項男性主管穿衣對其管理的影響性的調查：他們將一群男性主管分成兩組，一組穿著短袖襯衫上班，一組則穿著傳統長袖襯衫；結果顯示，穿著長袖一組的主管秘書，上班認真程度遠高於穿著短袖襯衫的主管。可見主管的穿著，深深影響著他的管理績效。

許多高階主管在上任前，會接受管理哲學相關訓練，卻忽略專業形象管理的訓練。其實，高階、中階與初階人士在外表形象與職場禮儀，皆有其相對應的哲學與風範，高階主管若能善用「形象」來做組織管理，只會讓管理如虎添翼。因為衣服擁有「非語言」訊息傳遞的功能，從衣服的形式（如全套西裝或是商務便服）、款式（如長袖洋裝或是無袖洋裝）、顏色（如白色襯衫或是粉紅襯衫）、品質（如低調的高質感服飾或是誇張的時髦便宜服飾）等，都隱約透露出你是個什麼樣的人？你的管理哲學為何？你對屬下的期盼（包括工作態度與形象）為何等。因此，身為高階主管的你，我強烈建議一定要隨著職位與管理需求調整衣著外表與儀態，讓你在管理上更獲得事半功倍的效果。

Q 對於不穿西裝／套裝的行業，要怎麼穿才能顯出專業的權威感？

當你不穿西裝／套裝時，可以藉由以下元素來創造專業權威感：

◆ **穿著有領子、有袖子的衣服**
從服裝心理學的角度，有領子、有袖子的衣服會比無領無袖的衣服更有權威說服力。所以女人有領子的長袖外套必定比無領子的短袖外套來得更專業；同理，這也是男士在重要國際場合一定要避免穿短袖襯衫的原因。

◆ **穿著中性色**
中性色如黑色、灰色、白色、深藍色、咖啡色系等，比有顏色的服飾如粉紅色、紫色、黃色等更有專業感。因此在穿著商務便服時，建議以中性色作為服飾主軸色彩，例如女士深藍色洋裝（主軸）搭配紫色絲巾（副軸）；男士深灰色西裝褲（主軸）搭配淡藍色Polo衫（副軸）。

◆ **外套法則**

不穿西裝或套裝的時候，可以以其他形式的外套或背心做代替，例如男士在襯衫外面加背心，女士在襯衫外面加線衫外套，都會讓人輕鬆中帶著正式。

◆ **穿著深色**

一般而言，深色的專業感大於淺色，雖然你不需要一身深色，但是至少百分之二十的深色，對於權威感的塑造是有助益的。另外，如果能善用「對比色」，將會帶給人更強烈的印象，例如男士的黑色西裝搭配白色襯衫，女士的淡色洋裝加上深色領巾。

◆ **髮型、彩妝或首飾**

大多數人對於「懂得打理儀容」的人，不僅較能產生「把工作當一回事」的直覺聯想，也較容易產生信賴及職場權威感。職場上除了創意產業，男士的髮色請勿過於醒目、髮型不過度抓整；女士則以不毛、不亂、不花俏並且沒有太多顏色的髮型為佳，而髮髻是能馬上建立職場權威的髮型，是管理階層很好的髮型選擇。至於化妝，基本上自然的彩妝比素顏或濃妝艷抹都更容易創造出職場權威感。

此外，適當的佩戴飾品如「戴眼鏡」或「戴質感佳的金屬手錶」能夠馬上提升權威感。至於女士的首飾，簡單的經典款式所帶來的權威感必然大於花俏的流行首飾，例如貼耳式耳環就會比垂吊式耳環更具權威性。

當然，上述的權威元素並非全部擁有就是好的，穿衣服的智慧在於：你是否知道此時此刻的自己，需要展現多少權威感？假使以上幾點元素俱足後，所展現的權威感是一百分，那麼你的行業是否只需要七十分的權威感就夠了呢？所以聰明的管理者必須學會因時、因地、因人，做適度且彈性的權威調整。

Try it

衣服是自己事業的投資、形象的廣告。你曾經有過哪一套衣服，穿了它之後讓你感覺自信滿滿、獲得讚許眼光並為你贏得佳績嗎？這一套衣服就是你的「必勝衣」。

請將這一套或這幾套「必勝衣」拿出來，分析它們的特色——裁剪、合身度、布料、品質、配色方式？將來為工作場合購衣、配衣時，你可以拷貝這套「必勝衣」的特質，直到你每天的專業形象都能一致而整齊。（關於更多專業穿著可以參考我的成功套書：《穿對，更成功—38堂形象美學課　讓你工作無往不利》及《成功者私藏的36招》）

女士專業形象的禮儀

Perfect Image 觀點　　從專業中吐露你的美麗與優雅

對女人來說,「性感」與「感性」這兩種特質,皆可以是褒,也可以是貶,其中關鍵就在於場合。而其中最危險的,就是誤將「性感」當「感性」,讓天生麗質流於賣弄風騷,引起不必要的誤會。尤其是在需要展現「專業之美」的工作場合中,適度的感性能讓女人善用柔性特質,達到剛柔並濟的效果;然而若以天生尤物的姿態,恣意揮灑表面的性感,那不只可能危及專業權威,恐怕連基本的尊重都難以保住。

真正的性感就如同奧黛麗‧赫本（Audrey Hepburn）所說的：「性感是一種深藏於內在的感覺。只能意會，不能言傳。」 苗條的她不像同年代的瑪莉蓮‧夢露（Marilyn Monroe）那樣有著豐滿的體態，但她也說了：「有些性感並不一定是外在的。我不必用臥室證明我的女性特質。我可以穿得緊緊的，在樹上採蘋果，或是佇立在雨中，也能顯現出魅力。」

O&A

Business Manners

Q 職業婦女適合留長髮嗎？會不會看起來不專業呢？

其實不然，只要能注意到髮型俐落、好梳理，讓你在工作的時候可以「忘了它的存在」，而不是需要不時的撥弄頭髮——撥弄頭髮會讓女人的專業形象大打折扣，甚至有些異性會誤以為這是個勾引的暗示。除此，千萬不要為了方便，就隨手把頭髮一紮了事——畢竟女人留長髮是為了美麗，把頭髮隨便紮起來不但不美，還會給人邋遢的感覺。

Q 女士適合穿什麼樣的鞋上班？哪些鞋不適合？

◆ **包鞋**：不管你屬於何種行業，中性色包鞋都是最安全的選擇。特別是Dress Code屬於商務便服（Smart Casual）的公司，員工常常不小心就把商務便服穿成休閒服，因此假使你的穿著無法明確區分究竟屬於商務便服還是休閒服時，選擇包鞋就能輕易提升休閒服的正式感，而成為商務便服。

◆ **半包鞋**：也就是「前包後空」或「後包前空」的鞋款，例如後繫帶高跟鞋和魚口鞋等。半包鞋能鬆綁嚴肅感，當你感覺自己穿著套裝顯得太正式，半包鞋的鞋款有調節功效，讓你的整體形象更輕鬆、更柔和。

◆ **涼鞋**：如果你的公司屬於傳統行業或是工作性質需要對外接觸，絕對不能穿涼鞋，例如：金融業、服務業、律師、業務、公關人員等；但如果你的公司Dress Code是商務便服，而今天你的服裝夠正式就可以穿涼鞋。至於創意行業不受此限，只要涼鞋不髒不隨便，就可以穿。提醒你，涼鞋不等於拖鞋，如果你會穿這雙鞋去洗車、倒垃圾，那麼這雙鞋就不適合穿去工作場所；因為拖鞋式的涼鞋只會讓人看起來邋遢不修邊幅，也不適合職場穿著禮儀。

Q 女性的高跟鞋很容易因為馬路崎嶇不平而磨損，要如何避免？

建議整天穿高跟鞋的女性朋友，不妨學習紐約的女性。我在紐約清晨，常見到上班途中的粉領佳人穿著正式的套裝，腳上卻踩著一雙輕便的球鞋！難道他們的服裝品味那麼與眾不同？才不！原來這些紐約女性上班族在辦公室裡早準備好一吋半的高跟鞋，只要一到辦公室，就立刻換上高跟鞋，精明幹練的她們，每天以這樣的「儀式」開始她一天的工作。

這是一個很值得推廣的做法，因為大部分都市的馬路狀況欠佳，鞋跟一踏到坑洞裡就容易造成磨損，況且成天穿高跟鞋確實對人體有害。但為了保持上班的儀態與精神，極佳的折衷辦法就是學習紐約女性，上班

途中穿舒適的球鞋或平底鞋，進入公司再換上高跟鞋，而且高度以不超過一吋半最佳；要離開辦公室前，再把陪你一天的高跟鞋留在工作場所，換回輕鬆的便鞋，返回家中。

Q 常被同事稱讚很性感，有關係嗎？

性感的定義很多，有時候性感是外表的刺激，有時候是一種心靈的感覺。你可以性感到別人完全忽視掉你的能力與專業，也可以性感得讓人覺得舒適妥貼，因而更想跟你共事或在一起；後者的性感是好的，前者的性感則於公於私都會帶來麻煩，甚至成為事業升遷與獲得真愛的阻力。你的性感是屬於哪一種呢？如果屬於天生尤物型，在穿著打扮上建議還是稍微保守一些，因為專業感才是你在職場上所需要的。

Q 職業婦女真的不能穿得太「清涼」嗎？

雖然我常說：「職業婦女皮膚露出來越多，權威也就漏掉越多。」但是這並不能代表職業婦女不能裸露，只要把握住「三不露原則」即可：一是大腿膝蓋十公分之上不露，二是不露整隻手臂，三是不袒胸露背。

此外，可以裸露的程度跟行業別也有關係。對於偏保守的金融、法務等傳統行業，「三不露原則」很好用；而創意行業，可能只要把握住胸線不露即可，至於大腿，一般短於膝蓋十五公分之上或是只要蹲下來不會春光外洩，都是可以接受的範圍。

另外，即使裸露也要注意到禮儀：穿無袖時要記得清除腋毛，穿短裙要刮除腿毛，穿低領不要露出胸線與胸罩。你或許認為只要自己舒服就好，裸露別人看不慣是他自己的事，不過社會就是這樣，大家總是「互相」的，我這裡說的互相是指眼睛互相環保一下；若是男士上班露出胸毛，你也會不知將眼睛往哪兒擺才好，不是嗎？

Q 可以在辦公座位上補妝嗎？

女性的化妝禮儀之一是：任何公共區域包括辦公室或餐廳，都不宜出現除了擦口紅之外的補妝動作。想要補妝或整理儀容，例如擦蜜粉、上眼影、睫毛膏、調整內衣肩帶、將下滑的絲襪往上拉、修指甲、剔牙等，都應該「暫時消失一下」，到化妝室裡頭從容地把自己整理好再現身；畢竟在眾目睽睽中出現這些舉動，實在有損時尚佳人美麗的形象。此外，我常看見很多女人擦口紅時，把嘴巴張得開開的或嘟得高高

的，原本看起來美麗的化妝動作，全都不見了；建議你可以學模特兒的技巧，模特兒們會先微笑，然後沿著微笑的嘴型補擦口紅，這樣的動作看起來優雅而賞心悅目，不妨試試。

Q 如何確保自己萬無一失的專業形象？

還記得學生時代，每天早上進入校園前，教官就會站在校門口檢查大家的服裝是不是合乎規定。日本也曾經有一段時間非常流行「形象糾察隊」，為公司主管、業務人員及上班族提供服飾細節的檢查服務，確保萬無一失的專業形象。

你也可以是自己的形象糾察隊。首先，「全身鏡」就是你形象糾察的必備工具，讓你從頭到腳、前後三百六十度看仔細；而照鏡子的重點在於「關鍵時刻」的樣子，也就是「上班出門的樣子＋今天最重要場合的樣子」。例如今天最重要的場合是開會，出門上班前除了照自己穿著外套、拿著公事包、穿著鞋子的樣子之外，也要檢視開會的穿著是否合宜，並進一步模擬開會實況；例如將外套脫掉、公事包放下、坐下以後身上的衣服線條仍然順暢嗎？站起來簡報、舉手、寫白板時，襯衫會不會被拉出來等。越能夠事前在家裡準備周全，越能夠讓自己在工作上全力以赴、無後顧之憂。

Q 如何穿出優雅自信的形象？

電影《穿越時空愛上你》的男主角李奧，在看見現代職場的奔波忙碌後語重心長地說：「人生不應該忙於 Tasks（工作），而應該忙於 Taste（品味）」。忙碌是現代職場工作者的常態，大家面臨的挑戰並非如何脫離繁忙，而是如何忙得優雅。雷根總統的夫人南茜就形容常一起參加慈善晚會的奧黛麗・赫本，每次上台演講前都很緊張，但總能優雅地完成她的演說。

真正的優雅是：泰然處之的心態＋自信怡然的舉止＋襯托氣質的外表穿著＝優雅圓融的你。所以優雅不會因為忙碌而消失，它是你的一部分，只是如何將其表現出來而已。在此，我針對優雅的穿衣方法提供兩種入門技巧供你參考。第一種方法是從你心目中的優雅人士觀察起，例如公眾人士或周遭朋友，他們都是怎麼裝扮自己？他們穿著的款式為何、配色為何、如何使用配件？然後，你可以模仿他們的穿著，讓自己轉化優雅的形象。第二種是透過以下基礎的配色技巧展現優雅：

◆ 首先，請讓全身只出現一個重點。例如當女士的眼妝很濃，口紅顏色就要淡一點；女士衣服很鮮豔，款式就要很簡單；男士的領帶很花，襯衫就選素色吧！

◆ 其次,全身配色不要超過三種。配色比例要有多與少之分,例如穿著西裝或套裝時,西裝套裝的顏色佔全身比例最多,襯衫次之、領帶或首飾最少,就能呈現優雅專業的形象。

Q 懷孕時該怎麼穿?

我有一位學員在懷孕時,什麼事情都變得很小心,提醒自己這個不能吃、那個不能碰,但是她身上所穿的孕婦裝卻是跟人借來的;因為她覺得只有幾個月的時間,這些衣服只是暫時需要,不必花費太多的心思添購,所以即使衣服不適合也不用太在意。結果有一天她的先生告訴她:「懷孕是過程,卻不是生病。你怎麼看起來這麼沒精神?」這句話突然點醒了她,於是她趕緊求助於我,請我帶她去添購適合的懷孕服裝,讓她回復原本專業美麗的樣貌。

人生在任何時刻、任何過程都要讓自己美麗得體,懷孕更是如此。以下是我給職場媽咪在懷孕時的穿著建議:

◆ 隨時隨地保持專業形象。我在美國旅居時,常看見紐約市許多懷孕的職業婦女穿著優雅端莊的孕婦套裝,她們的專業感不但沒有受到懷孕的影響,反而更加亮麗耀眼。所以每一位職場媽咪,即使懷孕了,也要保持自己專業俐落的形象。

◆ 為自己至少準備三套孕婦套裝。懷孕是女人生命的大事,建議職場媽咪們,可以多買幾套自己喜歡的上班用孕婦裝,讓自己每天漂漂亮亮、開開心心的工作,也是很好的胎教哦!

Try it

性感的女人往往不是因為擁有完美的身材與外貌，而是源於發自內心的自信；而自信來自於對自我特色的了解與接受，並進一步學習展現自己的方法。當一個人能全然掌握自己、並且知道自己看起來很棒，自然會在舉手投足間流露出性感的魅力！

自我了解包括外在與內在，以下方向提供你發掘自己的性感潛力：

1. 內在：用三個形容詞形容你的內在特質，需要是正面的形容詞，如：智慧、沉穩、機伶、衝勁、細心、創意、熱情、浪漫……等

2. 外在：你全身最美的地方是那裡，如何展現它？你的膚色如何，穿什麼樣的顏色可以讓它亮起來？你屬於何種體型，何種款式最能突顯你的身材優點或平衡你的身材缺點？你的風格是什麼？典雅型、浪漫型、輕鬆自然型或者藝術型？什麼樣的裝扮可以彰顯你的氣質風格？

（如果你對如何展現自己特色、發掘自我魅力不是很清楚，請參閱我的魅力套書《衣Q寶典：女人，妳的名字叫美麗》、《衣表人才：男人，展現你的成功有型》。）

男士專業形象的禮儀

Perfect Image 觀點　以衣示人，完美展現

芮妮・齊微格（Renee Zellweger）曾在奧斯卡頒獎時的開場白開玩笑說：「衣服創造人（Clothes make the man），可見不穿衣服的人影響力是很細微的。」的確，每天我們以衣示人，怎能不在意它呢？！更何況「以衣示人」，別人看到的不只是你的衣服，而是「你的人」加上「你的衣服」所綜合出來的品味、人格、與人生態度。穿對衣服會為你創造有特色的個人風格、受歡迎的人緣，讓你擁有成功與品味兼俱的人生。

O&A

Business Manners

Q 男士常犯的國際穿著禮儀有哪些？

◆ **長袖襯衫禮儀**：只要是正式的國際場合，男士們一定
穿上長袖的襯衫，以表隆重與尊重。而男士們在西裝
裡也要穿著長袖襯衫才好，短袖襯衫只適宜非正式場
合穿著。

◆ **襪子禮儀**：請避免西裝搭配運動襪或白襪，或者高爾
夫球場上穿著上班黑襪。

◆ **西裝釦子禮儀**：「坐時解釦、站時繫釦」是男士基本的
西裝禮儀。扣釦子時，若西裝只有一顆釦子，請直接扣
好；單排兩顆釦的西裝，只扣上面那一顆釦子就好；如
果是單排三顆釦的西裝，可以只扣中間那一顆，也可以
扣上面的第一顆與第二顆釦子。若是雙排釦西裝，請扣
上與「內釦」對應的外釦即可。

◆ **領帶禮儀**：領帶長度宜碰到皮帶頭，過長或過短都貽
笑大方。而領帶的圖案與顏色除了搭配西裝之外，也
要考慮到出席場合；嚴謹的商務場合避免圖案過於花
俏的領帶，喪禮則宜繫黑、深灰、藍黑色領帶。

Q 男士要怎麼調整自己的權威指數?

一位有智慧的男士知道如何因應各種場合需求來調整自己的權威指數,其中包括衣著展現出來的權威指數。至於如何透過穿著,創造出合宜的權威指數,請看以下說明:

◆ **最具權威感的全套西裝**
在主持或參與重要會議、簡報時,兩件式或三件式(含西裝背心)的全套西裝搭配襯衫、領帶,是男士的最佳選擇。對於企業文化較保守的行業來說,這也是適合高階主管的日常穿著。值得一提的是,深藍色、深灰色的西裝最具權威感,它透露出智慧、成功、沉穩等服裝語彙,不但適合各階層主管的穿著,也適合商務會議、拜訪客戶、提案簡報,或想往管理階層發展的專業人士穿著。

◆ **權威感與親切感兼具的半套西裝**
西裝外套和西裝褲不成套的半套西裝,適合創意行業的主管平日辦公或開會時穿著,也適合傳統行業的主管休閒星期五或商務餐宴時的穿著。至於要怎麼搭配才能兼具權威與親切?建議你一定要注意配色的協調性,一是上、下身的協調,其次是上半身中的三樣元素(西裝外套、襯衫、領帶)的協調:

1. 首先，讓上下身協調：選擇和西裝褲同色系的襯衫、外套或領帶，讓上、下身協調。例如：西裝褲是深灰色時，西裝外套可以選擇中灰色或銀灰色。

2. 接著，讓上半身協調：最簡單的方式，就是讓領帶的圖案或底色跟襯衫或外套同色（同色系亦可）。例如上半身穿著的是深藍色西裝外套搭配白色襯衫時，領帶可以選擇藍底白色斜紋的圖案看起來就很穩重。

如果不想穿西裝外套時，建議你可以穿著西裝背心來為自己的權威感加分。

◆ **商務便服如何營造權威感**

可以穿著商務便服的情境，除了公司Dress Code本來就是商務便服之外，也包含公司Dress Code為半套／全套西裝者在休閒星期五，或是參與客戶非上班時間的餐宴等。在這些場合穿商務便服，能塑造出輕鬆的氣氛，然而如果在輕鬆中想強化專業權威感，可以選擇有挺度的布料、中性色（黑、灰、白、深藍、棕褐色系）、穿著有領子有袖子的款式，或加上外套來達到這樣的目標。例如燙得漿挺的襯衫會比軟塌的襯衫更有權威感；相同是Polo衫，深藍底白條紋的顏色會比粉藍底橙色條紋更穩重、有威嚴。（對於商務便服權威感的建立，請參考95頁「對於不穿西裝／套裝的行業，要怎麼穿著才會有專業權威感？」）

Q 男人在儀容上的注意事宜？

注重儀容是出身教養的表徵，也是基本禮貌，保持清爽除了看起來莊重之外，更是尊重自己的表現。男士的必敗儀容是：油、髒、亂。油：臉油、頭髮油；髒：領口、袖口、鞋子骯髒不乾淨；亂：髮型亂、衣服皺、領帶不正看起來凌亂等。千萬別小看這些「男人味」，一旦你忽略儀容整潔乾淨的基本原則，再帥的男士都會被列入黑名單。此外，男人身上散發的味道，是一種「說不出的吸引力或排拒力」，除了體味，香水的濃度用量小心別越噴越濃而不自知；因為人的嗅覺有疲乏性，所謂「久入芝蘭之室而不聞其香， 久入鮑魚之肆而不聞其臭」正是這個道理。

Q 職場男士的頭髮要注意到什麼？

不同行業別會有些區別，傳統行業的男士頭髮以短為原則：旁不過耳，後不過領；創意行業的髮型可以比較長、比較自由，但切記頭髮要不髒不油不亂，看起來乾淨舒爽。至於染髮，傳統行業以黑色、深咖啡色等自然髮色為原則；創意行業若想染鮮豔顏色或挑染，請以一種顏色為主，不要染成五顏六色，但演藝圈則不在此限。

Q 男士適合穿什麼樣的鞋到公司？

我一向建議男士們都該有雙適合的「皮」鞋，如果公司的Dress Code是商務便服，一雙好的皮鞋保證能提昇你的專業形象；而穿著西裝時，皮鞋更是唯一的選擇。常有男士

問我：「皮鞋該選擇綁鞋帶或沒有鞋帶的款式好？」我的建議是兩者皆可，但請選購真皮材質並且有鞋跟的款式；顏色選擇黑色或深咖啡色，避免任何雙色皮鞋。選錯皮鞋會使整體形象顯得流氣或土氣，也讓你與紳士形象絕緣。

Q 職場男士需要準備什麼樣的襯衫？

首先，白色與淺藍色素色襯衫是專業場合的必備首選。白色襯衫低調、傳統、安全，為中高階主管們「定位」；淺藍色襯衫則親切有活力。

在條紋或格子襯衫方面，想看起來專業，要留意以下原則：選擇素色條紋，並且線條寬度不可超四分之一公分，線條間隔不超過一公分；格子也是以單色為佳，格寬不超過一平方公分。超過此範圍的襯衫，一來搭配西裝領帶時較為困難，二來因為過於活潑醒目，比較適合在休閒星期五或其他非正式的場合穿著。

最後，請每位男士準備一件能夠出席正式晚宴的白襯衫。這件白襯衫必須具備特殊的翼領領型或百葉褶等元素，才能在搭配黑領結時看起來經典有型。此外，即使覺得自己沒有參加宴會的機會，至少也要準備一件能使用袖釦的高質感白襯衫，當你臨時需要出席重要場合時，它能夠立刻提升個人氣質，為你帶來優雅的紳士風範。

Q 如何挑選領帶的圖案？

所謂「君子不重則不威」，對於職場男士而言，領帶要能
「穩住你的臉」，才能為你帶來穩重的專業感，因此領帶圖
案需以保守沉穩為原則，如斜紋、規則重覆的小圖案等都是
安全的選擇。過於誇張、華麗的領帶例如卡通人物造型、大
花朵、藝術繪圖、貼水鑽、灑金粉等，都屬於「搶鏡」的
「趣味領帶」，它不但搶了你臉上的風采，讓對方無法專心
聽你說話，阻礙彼此的溝通；就連圖案的個性，也會與你的
個性產生聯想，萬一被誤會就麻煩了。除非你今天有趣味派
對或準備上舞台表演，才可以做此裝扮。

Q 如何才能輕易購買到適合的領帶？

選購領帶的「動作」會影響選購領帶的成功率。在此我分享
國外高級男士精品店如何幫顧客挑選領帶的經驗：這些經
驗豐富的男店員為紳士挑選領帶時，會先詢問顧客穿哪種顏
色的西裝與襯衫，然後從店內拿出顧客習慣穿著的西裝與襯
衫顏色，以襯衫在內、西裝在外的方式掛在衣架以後平鋪桌
上，接著將打了結的領帶置於其上，就能一目瞭然這條領帶
是否跟你的西裝、襯衫搭配和諧。

而當你挑到合適的領帶以後，記得要對著鏡子試打，才能知
道這條領帶的材質是否可以打出飽滿、紮實的領帶結；因為
有些領帶會因為製作過程不當或材質不佳，導致領帶結怎麼
打都是歪的情形，因此一定要試打才能做最好的確認。

Q　坐下來的時候，男士西裝外套釦子需要扣嗎？

一般而言，當男士坐下時沒有解開西裝釦，整件西
裝外套就會被撐向兩旁，不僅在腹部出現橫向緊繃
的皺褶，也會讓他的肢體無法自由伸展、動作顯得
侷促，旁人看起來也會覺得這個人很緊張。其實他
是否真的感覺緊張，我們不得而知，但如果男士坐
下時整個身體被衣服「綁住」，的確會造成很不easy
的緊張印象。

依照國際服裝禮儀，男士坐下時，必須解開西裝
釦，如此西裝才能隨著身體的弧度，自然服貼地順
勢而下；不但線條看起來比較流暢、不會有束縛的
感覺，也才能舒適自在地坐在位置上。

Q　男士的穿著不能露出哪些地方？

男人和女人在穿著上最大的不同是：男人專業穿著
的「裸露允許度」是很低的，例如領口太低露出胸
膛、褲腰太低露出內褲頭、上衣太短露出腰部，或
是襪子太短露出腿毛，都會影響到男士的莊重度與
品味，所以穿著要「包」，是專業男士們穿著的大
原則。此外，如鼻毛、胸毛、乳頭、刺青等這些身
體部位，不只不能露出來，連「隱約被看到」也是
不適宜的。

形象自我檢視表：

每次出門前，花幾分鐘站在全身鏡子前，什麼也不做，只是盯著自己，至少連續觀察二十一天，直到整齊已成習慣：

自我觀察選項 ＼ 日期	一	二	三	四	五	六	日
1. 頭髮短、整齊、乾淨。							
2. 記得刮鬍子，鼻毛也不可忽視！							
3. 指甲短、整齊、乾淨。							
4. 注意中心點：領子要挺；領帶戴正，打好之後領帶尾端正好碰到皮帶頭。							
5. 正式場合不可穿短袖襯衫，而西裝內只穿長袖襯衫。							
6. 襯衫衣領或袖子沒有磨損、起毛球、髒汙。							
7. 釦子沒有壞損、脫落的狀況（或前兆）。							
8. 長褲褲褶燙挺，並且膝蓋處沒有變形。							

自我觀察選項 日期	一	二	三	四	五	六	日
9. 長褲要夠長，碰到鞋面。							
10. 鞋子光亮，鞋底和鞋跟完整。							
11. 襪子要夠長，腿毛不可露出。正式場合的襪子與鞋子需同色。							
12. 皮帶不可太舊磨損，不吊在半空中，要在皮帶環裡。							
13. 腰處不吊掛鑰匙，口袋不塞到鼓起。							
14. 室內不要戴有色眼鏡。							
15. 準備好乾淨的棉或麻紗手帕，勿用面紙。							
16. 身上沒有異味，香水越少越好。							

Chapter 4

見面禮儀

品牌符號學

印象決定你的人脈關係

The First Step：Meeting and Greeting

人家說：見面三分情；
然而這份情卻是留給見面禮儀做得成功的人，
而不是隨意給予。
好的見面禮儀，包含著你的第一眼印象，
第一句稱呼、第一次的介紹以及第一次的握手……
你做對了哪幾項？

4

人脈介紹禮儀

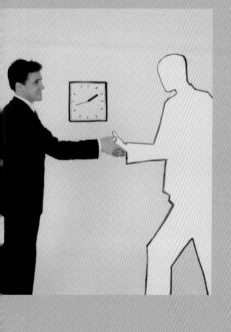

Perfect Image 觀點　當個稱職的介紹人與被介紹人

或許你曾有過類似的經驗，總是拿捏不定何時何地需要介紹彼此、或是否適合引見某人給某人？或者，你是即將被介紹給某人的主角，但你總是感覺彆扭，擔心失禮於人？事實上，無論在社交或商務場合中，只有「不介紹」、「忘了介紹」才是最大失禮的行為。因此，即使你是拙於言詞的人，只要能掌握住誠心、有禮的原則，即能當個稱職的介紹人與被介紹人。

此外，記住一個人的姓名和長相特徵也是很重要的。像許多老闆對於記員工名字、行銷高手記客戶的名字，也都很有一套；當他們在日後碰面時能立刻叫出對方名字，都會讓人感受到他的真心、用心與親切；成功，真的不是憑空而來。

Q 怎樣才能當個稱職的介紹人？

介紹人是人與人之間穿針引線的媒介，好的介紹人能夠讓被介紹的雙方對對方產生興趣，因此除了被介紹人的姓名之外，你應該說明其職稱、簡要工作內容與豐功偉業，並為雙方做必要的連結，例如雙方的共同興趣或將來可能合作的事宜等等。

此外，遵循將晚輩介紹給長輩、資淺者介紹給資深者、男士介紹給女士、賓客介紹給主人的原則。再者，請將關係較親者介紹給關係較疏遠者，例如將自己的同事介紹給別家公司或往來客戶，本國同事介紹給外籍同事，將家人或朋友引見給師長或上司。例如：「王伯伯，我要為你介紹我的好朋友林伊苹；伊苹，這位是從小最疼我的王伯伯。」「總經理，這位是新來的秘書張嘉琳；嘉琳，這位是我們公司的總經理」，或是「黃總經理，這位是敝公司的業務經理高遠翔；高經理，這位是××公司的黃總經理。」

總之，保持熱誠、慎重的態度；引見時，可以先禮貌詢問：「陳小姐，我可以介紹王先生給你認識嗎？」獲得首肯後，再將王先生的姓名、資歷簡要的介紹出來，之後繼續將陳小姐的姓名、資歷告知王先生。

還有，忘掉別人的姓名與職稱雖然在所難免，卻相當尷尬，發生這種情形時，可以坦承或道歉（你可以說：很抱歉一時想不起你的名字……），千萬不要因而不介紹或「忘了介紹」，讓雙方不知如何交談反顯尷尬。

Q 職場上是否也是將男士介紹給女士？

職場上的介紹，永遠記得是以「職位高低」為優先考量標準，其次才是性別。例如男士是甲公司的總經理，女士是乙公司的總經理特助，則應先把「乙公司的總經理特助」介紹給「甲公司的總經理」。

Q 公司有一群人時，介紹的順序為何？

如果你要介紹公司一群人，包括總經理、執行長、經
理、主任及業務人員給對方公司的總經理，若時間很充
裕，請依照職階由高至低順序做介紹；或先介紹最高位
階者（與其餘高層主管）之後，其他人則依站或坐的位
置依序介紹，不必按照職位高低；若有專案負責人，除
了上述方式介紹外，也可以先介紹高階主管和專案負責
人，其他人則依站或坐的位置依序介紹即可。

若時間沒那麼充裕，只要介紹公司高階主管及專案負責
人，其他人員只要整併介紹就好，例如：「…這幾位是
敝公司××部門的成員。」

Q 如何當個被介紹人？

◆ 當你被介紹給某人時，請務必保持笑容，並在介紹完
畢後，複誦對方的姓名，例如：王經理你好，很高興
認識你。

◆ 如果對方是職等相當的男性、或者你是上司或長輩，此
時可以主動伸手，和對方握手寒暄，大方地表現出你的
氣度與胸襟，不要讓對方感到拘謹。另外如果這時對方
站著、你坐著，除非你的身分地位年齡高出很多，否則
應站起來打招呼為宜。

◆ 如果對方是職等相當的女性、或者是上司或長輩，則可
以先行點頭問好，當對方有握手之意，再行握手禮。

Q 介紹人突然忘記自己（被介紹人）的名字該怎麼辦？

當有人想把你介紹給一位或一群你不認識的人，卻忘了你的名字時，你不妨主動點頭或伸出你的手握手打招呼、或拿出你的名片，微笑自然地報上自己的姓名：「你好，我是×××，很高興認識你。」如此一來，你不但解除了一場尷尬，還能怡然自得的認識新朋友。

Q 介紹人把自己（被介紹人）介紹錯了，需要當場更正嗎？

如果你發現介紹人把你的名字、頭銜、公司名稱介紹錯了，或者把你名字的讀音念錯了，請不要當場打斷他，這樣會讓介紹人非常尷尬。你可以等他把雙方都介紹完畢後，將自己的名片遞給對方，然後跟對方微笑寒暄：「你好，我是××公司的×××。」就可以了。

Q 雙方互相介紹時，若聽不清楚對方的名字，可以請他再說一遍嗎？

當然。如果你聽不清楚對方的名字，可以禮貌地詢問：「對不起，我剛剛沒聽清楚你的名字，可以麻煩你再說一次嗎？」只要態度誠懇，對方通常都很樂意再說一次，而且會感受到你很在乎他。如果對方已經重複了一次，你還是沒聽懂，不妨直接向他要張名片，或問他名字怎麼寫，而不是一直請對方複誦自己的名字。

Try it

1. 對著鏡子練習，將公司需要介紹的人，依照頭銜位階從高到低排序，除了名字、頭銜、部門，是否可以用一句話道出此人的特質、或為人所讚頌之處？多唸幾次，直到說得很順口、神情很自然為止。

2. 任何時候只要有機會，不管是工作場所或是家族聚會，請扮演介紹人的角色，讓自己有發揮的機會。

品牌符號 建立第一印象的禮儀

Perfect Image 觀點　　大方展現你的自信丰采

每個人都覺得第一印象很重要，卻很少人知道自己給人的第一印象是什麼？不過可以確認的是，如果一開始沒有製造好的第一印象，往後需要花費更多時間與努力，才能扭轉不良的第一印象；而且在往後的交往中，一旦不良印象又產生的時候，人們又會馬上聯想起對你的第一印象。

通常我們對人的第一印象在初次見面時的三十秒內就決定了。在短短三十秒的過程裡，我們可以透過自然的問候、真誠的表情、熱情的聲音、美好的話語、握手的溫度和力量、印著名字的名片，把自己內在的情感和善意傳遞給對方。好的第一印象發酵成往後的「善緣」，為雙方進一步的交往或合作創造更多的「結緣」。

Q 怎樣握手才能顯示出一個人的大方、誠意與
堅定？

一般人對身體接觸的印象遠大於語言的接觸，而
握手往往是我們和他人唯一身體接觸的機會。因
此當你行握手禮時，請眼睛看著對方、伸出右手
（因為大多數人慣用右手），與對方虎口對虎口
的「滿手握」，讓對方感受到你的誠意與熱情；
此時握手的力量需要簡潔有力，些微上下晃動三
至五下然後伸回。握手時請避免柔弱無力，或是
握得太用力、晃動太大、握太久（因為若是錯過
鬆手的時機點，雙方氣氛會變得尷尬，開始等待
對方何時會放手）。

除此之外，請避免另外一隻手也伸出來握住對
方，或是拍對方的手或肩膀等動作，因為這是長
輩對晚輩、上司對屬下，或彼此熟識的朋友的握
手語言。我們常常在電視上看到長官會一隻手握
著下屬的手、另一隻手搭著肩膀、眼睛看著對方
講一些鼓勵的話，這種握手的方式顯示長官與部
屬的關係，也是美國前總統柯林頓的習慣動作。

另外，有很多女性在握手的時候只會獻出自己的魚尾手（只伸出手指前端），或者有些中年男士因為不習慣接觸女性，或者怕握到女性戴的戒指會產生疼痛，只敢輕微碰觸女性手指的前端；然而這是二十年前的社交禮儀，已經不適宜二十一世紀的現今了。因此建議女性可以主動大方的伸出手，而男性也可以調整自己的力道，讓彼此在社交場合中展現落落大方的風采。

Q 適合女士主動握手的場合與時機？

當對方是年輕、位階低，或者同輩、位階不相上下的男士時，女士在國際禮儀上有「主動選擇打招呼方式」的義務——你可以依親疏遠近選擇點頭、握手、擁抱或親吻臉頰。假設你和男同事一起去拜訪某位男性客戶，這位男性客戶毫不猶豫地和你身旁的男同事握手，面對你卻躊躇不前，這不是他不夠自信大方或者「重男輕女」，他很可能正在等你先伸出手呢！像這樣的場合，女性可以主動伸出手來與男士握手；但若對方是長輩或上司，則可以等他先主動表示想跟你握手之意，否則你可以大方點頭、微笑地說：「你好，我是×××。」

Q 有手汗的人握手怎麼辦？

握到濕答答的手的確不是個舒服的經驗，因此有
手汗的人，請隨時攜帶手帕，在預測可能會握手
的場合之前先行擦乾手掌；萬一握手的場合讓你
來不及擦拭，也不要在對方面前擦手，你可以
說：「對不起我有手汗。」並主動先用點頭方式
打招呼或是抱拳致意即可。另外手很冰的時候，
也可以先跟對方提出自己手冰冷的顧慮，並用點
頭或抱拳方式致意。

Q 點頭打招呼，需要像日本人一樣，九十度鞠
躬嗎？

當然不需要，除非你人在日本，或者是對國家元
首行九十度鞠躬禮的時候。平時對同輩或晚輩，
點頭示意即可；點頭的同時，眼睛看著對方，面
帶微笑。至於對長輩或高階主管，則可以行十五
度到三十度的鞠躬禮（一般而言，對職位越高的
人，鞠躬的彎度也就越大）。特別建議女性朋
友，要多練習點頭微笑的動作，讓自己親切得很
自然，這可是東方女性的社交基本功呢！

Q 交換名片，需要注意的禮儀為何？

◆ 給名片的人：請用雙手將名片拿著在胸口的位置，眼睛看著
對方，你可以說：「你好，我是×××。」或「這是我的名
片，請多指教。」

◆ 接名片的人：請用雙手接過名片，並說：「幸會，幸會！」
然後看一下對方的名片，並唸出對方的名字與頭銜（通常是
最新或最輝煌的那個頭銜）。不會唸的字可以趁這個時候詢
問對方。

◆ 名片代表本人，因此名片只要有瑕疵，絕對不要遞出去。同
時，尊重對方的名片就等同尊重他本人，千萬別看也不看就
放進口袋裡，或放在桌上置之不理；也不可以當著對方的面
在名片上做記號（譬如寫上對方的五官特徵等）。

Q 什麼時候該遞名片？

交換名片在社交上具有「願意更進一步聯絡或彼此了解」之
意，建議你有此意的時候再交換名片。常見婚禮上，同桌
「餐友」交換名片，餐後沒有帶走，桌上便留下一堆名片，
相信不管是誰看到自己的名片被留在餐桌上都很不是滋味。

Q 已經有對方的數位名片或是社群媒體聯繫方式，還要再
交換名片嗎？

數位名片雖然方便，但是如果說到正式度、嚴謹度，還是遠
遠比不上實體名片。畢竟實體名片乘載的不只是資訊，更有
雙手奉上名片，將自己「呈獻」出來的象徵意涵，所傳遞出
的誠意與慎重程度，是數位名片無法企及的。

因此，雙方初次見面時，即使已經交換了數位聯繫方式，最好也交換實體名片；若手邊剛好沒有實體名片，那麼在下次見面時，還是需要再補上實體名片。特別是當對方對你與你的公司還不太了解時，這種「老派」、「古典」的做法，乍看之下多此一舉，卻確實有助於建立彼此之間的信賴感。

此外，遞名片的適當時間如下：

◆ 會議開始前或會談結束後。不過建議在會議之前交換，因為這有助於雙方更深一層的相互了解。

◆ 想自我介紹或認識對方的時候即可遞出名片。

◆ 請記得，吃飯或會談進行間通常不交換名片。

◆ 與上司一起拜訪客戶或廠商時，當上司尚未遞出名片給對方之前，屬下不可以先遞出名片。

Try it

在鏡子前面練習打招呼禮儀，模擬面對不同場合、不同對象的打招呼方式。

1. 女性朋友請多練習如何主動伸手握手打招呼，糾正自己的眼神、笑容、握手是否堅定有力？

2. 男性朋友請多練習如何遞上名片，檢視自己手持名片的位置、笑容、與交換名片的社交語。

得體的稱呼禮儀

Perfect Image 觀點

適當的稱呼，適當的距離

稱呼是一個人見到你時，給你的 Mark；就像父母親為你取的名字一樣，讓你在眾多人海中成為獨一無二、專屬於你的印記。因此一個好的稱呼能夠為你帶來鮮明的印象，對別人好的稱呼也能製造彼此良好的氣氛。畢竟在初次見面時，從見面、稱呼、握手、到寒暄的這黃金三十秒，稱呼佔有兩秒；這僅僅的兩秒就能發揮社交效應，並從中判別人跟人之間的親疏遠近，所以不能小看稱呼的力量。

Q **可以在辦公室叫同事的綽號或小名嗎？**

視辦公室文化以及同事的綽號或小名是否文雅而定。一般而言，比較不拘小節的創意、藝術領域等工作，同事間以綽號相稱較沒問題；但如果是保守類別的行業，建議還是謹慎一點，以職稱或名字相稱為宜。特別注意的是，若同事的綽號或小名比較不文雅，或者對方已經是主管了，即使他本人不介意，也不要跟隨辦公室裡的同事這樣叫他，更不要以他的綽號或小名介紹給廠商認識。

在工作場合裡，除非是有助於個人專業特質的稱呼，如點子王、休旅車天后等，否則大部分綽號或小名對一個人的專業形象都沒有助益，最好還是避免。如果你也有綽號或小名，不要透露給同事是比較明智的做法。

Q 要如何稱呼長輩？

職場中講究一切公私分明，即使你與這位長輩很熟，也不宜在稱呼中表現出來，例如喊他「舅舅」！這會讓其他同事忽略你的專業能力只專注在你的親戚關係上；因此最好的稱呼仍以「職稱」為宜，例如「張副總」。如果是在私人場合，尤其是看到男朋友或女朋友的長輩時，你可以跟隨伴侶稱呼阿姨、大哥、二姊，可是看到伴侶父母時，請不要和伴侶一樣很親暱的稱呼對方：Daddy或Mommy。畢竟你還沒有真正成為對方家人，而且長輩心裏也不見得完全接納你，最好「發乎情，止於禮」，以林伯伯／林媽媽或是伯父／伯母來稱呼，保持距離，以策安全，才不會讓長輩對你印象打折扣。

Q 常見稱呼的禁忌？

◆ **叫大姐或大哥**。在許多社交場合中，我發現很多較年幼者喜歡稱呼較年長者「××姐」、「××哥」，例如叫「王大哥」或是「麗平姐」等。此種原來是想拉近距離的美意，卻成為稱呼的地雷。原因是許多女人被叫為「××姐」會讓自己覺得年紀老，感受不是很好受；而男人被叫為

「大哥」，除了可能感覺自己被叫老了，有時也會讓人聯想是幫派的稱呼。除非對方要你這麼稱呼，或者你肯定她或他喜歡被如此稱呼，否則最好不要這麼做。

◆ **稱呼美女或帥哥**。這是喜好兩極的稱呼，喜歡的人會因為你讚美他的外表，剛好與他自己重視外表的心理產生相互對應的效果。但是不喜歡的人反而會希望你專注在他的專長上，而不是過分注意他的外表；例如有些天生長相不錯的人，就很在意別人將他的成就和長相畫上等號，抹煞了他的努力與專長。此外，有些城市文化認為美女或帥哥的稱呼是一種帶有「性暗示」「輕佻」的意涵，為避免造成不必要的誤會，我建議不要再用此稱呼了。

◆ **稱呼老闆名字**。除非老闆請你直呼他的名字，否則你可別傻呼呼的跟著別人稱呼他的方式來稱呼，身為屬下的人還是要拿捏好應有的分寸，以職銜來稱呼最安全。

Q 如何知道對方怎麼稱呼？

一般而言，我們在請教別人如何稱呼時，常常會使用「請問您貴姓？」導致對方回答：「我姓廖」，於是你稱呼他的唯一選擇是「廖先生」；可是「廖先生」未必是他最喜歡或者最能跟個人做連結的稱呼。稱呼對了，感覺就對了；如果你能改個問法：「先生，請問怎麼稱呼您？」或「先生，您喜歡我怎麼稱呼您？」此時，有很大的機會他會告訴你他所喜歡的稱呼，如：「你可以叫我廖董。」或是「叫我小廖。」反而更容易拉近彼此間的距離。

Q 如果猜不出對方的年紀或性別，怎麼稱呼會比較好呢？

一般情況下，稱呼對方「小姐」，永遠會比「姐」、「阿姨」、「大嬸」好，叫「先生」，則會比「大哥」、「叔叔」、「阿伯」適切。如果無法判斷對方的性別，可以用中性的稱呼，如「同學」、「貴賓」、「您」，或用職稱來稱呼他，而最簡單的做法就是直接詢問：「您喜歡我怎麼稱呼您？」

Q 如何向別人介紹自己？

做自我介紹時，請把握「公司」、「部門」、「職稱」、「姓名」的說法，讓對方不管是和你面對面或是電話留言時，都能在短時間內清楚得到必要資訊，例如：打電話到客戶處需要留言時，你可以說：王經理回來時麻煩請他回電，我是××公司行銷部的「林尹苹林經理」。千萬避免自稱是「王小姐」、「王先生」，也盡量不要只冠上職稱而省略名字，如「王秘書」、「王經理」。

Try it

回想過往經驗，你是否曾經：

1. 誤稱呼他人？那時你如何處理？

2. 不知道如何稱呼他人？那時你如何處理？

3. 做自我介紹時，感到尷尬或不恰當？

現在，重新倒回時光，你會怎麼處理？

Chapter 5

用餐禮儀

品牌符號學

優質形象深得人心

Mastering Power Eating

學習禮儀，不是為了取悅他人，
而是為了開發並展現自己愛的能力。
用心去對待身邊的每一個人，
享受每一次美好的互動，
也讓生命變得更加細緻而溫厚。

學習餐桌禮儀

Perfect Image 觀點　　## 用品味美化你的人生

世界知名的美國形象顧問約翰·莫洛伊（John T. Molloy）曾說：在品味與風度的培養，不是「耳濡目染」就是要靠「學習」；比較上，利用學習的途徑讓人更能系統的、有效率的提昇品味與風範。

中國人說：「三代為官，學會吃穿。」利用「耳濡目染」的途徑，在古代或許需要三代，但在現代呢？莫洛伊更進一步表示：品味養成靠「耳濡目染」是很慢的，譬如如果一個人想擁有上流社會的品味，而採取「耳濡目染」的方式，那麼至少需要和上流社會人士朝夕相處七到十年，才有辦法在吃、穿、言談舉止都像上流社會人士。

不過，不是每個人都有機會可以長期和品味人士朝夕相處、耳濡目染，所以如果想在短時間內提升品味與風範，最快速的方法就是透過「學習」，並且越早學習越好！在專業人士的指導下，從品味的基本概念到靈活運用，皆可迅速吸收成為自己的「智慧財產」，學會之後，馬上就可以派上用場。

其實品味並不如人們想像中那麼困難，一旦學會，就像是學會游泳或騎自行車一樣，一輩子也不會忘記；不但換得一輩子的優雅自信，還能教給親友、同事和下一代，是非常有價值的「自我投資」。

Q 餐桌禮儀是一定要學的嗎？

雖然不見得每個人都是美食專家，但是最基本的餐桌禮儀還是要懂，才不會有類似「書到用時方恨少」的遺憾，因為你永遠不知道在一頓飯局裡的得體優雅表現，會為你帶來多少正面的影響。禮儀，是柔性的競爭力，我們永遠不知何時，禮儀會默默成為競爭的罩門、或他人評斷我們出身教養的指標。

記得有一次，我和幾位高學歷的女士相約去吃法國菜，討論社團演講的相關事宜。一碰面，她們侃侃而談國際局勢、文化、經濟等多方面的問題，各自都有很獨到的見解。她們看來自信十足、精神昂揚，這煥發的光彩無形中營造了一種美好的氣氛。可是當服務員把餐包送上來，氣氛卻頓時變得有些尷尬，看得出來大家對進食方式並不是很有信心，似乎都在期盼其他人先開始取食餐包，這個畫面讓我印象非常深刻……。

所以，現在就開始練習餐桌上的每個小動作。很多老闆喜歡透過吃飯來觀察員工的社交能力，你是否能當個優雅而稱職的主人？是否擁有足夠的社交技巧？是否有能力讓每位客人賓至如歸？言談是否得體大方？永遠不要小看了像餐桌禮節這等「小事」的力量，商場上不知道有多少生意是在把酒言歡間水到渠成！

Q 西餐禮儀中要特別注意哪些基本功？

在商務社交的場合上，與國際客戶享用西餐的機會變多了，如何展現優雅的用餐禮儀，請遵循以下基本原則：

◆ **依循主人的動作做**
在西餐宴會中，主人是掌控宴席節奏的關鍵者，每一位賓客都應該尊重主人，依循主人的動作跟著做。例如主人從桌上拿起餐巾鋪放腿上即代表餐宴開始，大家才可以跟著拿餐巾；若用餐完畢，主人將餐巾放置桌面左手邊，就是跟大家宣告宴席即將結束了。每次上菜，主人未拿起刀叉並邀請大家享用時，賓客千萬不要自行先食用；或者主人未敬大家或邀請大家共飲酒之前，客人也不宜自行先飲酒。

◆ **取右手邊的杯子、左手邊的盤子**
國內的西餐座位距離有時比國外窄一些，再加上服務生餐具的擺設不一定專業，你的杯子絕對不是「最靠近你」的杯子，而是右手邊的杯子；而你的麵包或沙拉盤子則在左手邊。

◆ **餐具的正確使用法**

首先，刀叉請「由外向內」依序取用：如果一餐吃下來會用到多種刀叉，服務人員會依照用餐順序將刀叉由外向內排列，只要由外向內依序取用就不怕出錯。並且正式西餐餐具不重複使用，如果有缺，服務生也會補上，所以別把已經用過的刀叉放在桌面下回備用。如果一道菜吃到中途，刀叉應放在盤上才不至於弄髒桌布；用畢的刀叉請以五點／十一點鐘方向平行置於盤上，服務人員就知道該來收拾了。

◆ **用餐速度與大家同步**

用餐速度保持與同伴同步，特別快或特別慢都不適宜。例如有人吃得特別快，當你才享用一半，他已經結束並將刀叉放下，然後還告訴你：「慢慢來沒關係。」然而在他人的注視下，實在很難輕鬆用餐。所以當你發現自己吃得比別人快或慢的時候，請適時調整用餐速度，這樣才不會造成他人困擾。

Q 中式餐宴該由誰點菜？如果自己是在場唯一的女性，是否由女性來點菜？如何點菜最適宜？

在中式餐宴中，通常是由主人或舉辦餐宴的負責人點菜；但如果沒有特定的主人或是餐宴負責人，則由最高職位者來點菜。若餐宴主人或最高階者示意要你／妳點菜時，即使你／妳不是最高階者也要承擔點菜的責任；或者在眾多主管之中，只有妳是女性，則往往會被視為宴會中負責點菜的女主人；因此，學會點菜很重要。至於菜要怎麼點？請掌握以下基本技巧：若大家一起吃，請先詢問大家什麼不吃，或是今天特別想吃什麼，然後才幫所有人向服務員登記菜色。雖然登記菜色是根據菜單的順序：前菜、主菜、點心，可是當你計劃盤算菜色的時候，記得先看主菜要點什麼，等到主菜決定了，再思考配菜、前菜和飲料、點心，如此，整桌菜才會有「韻味」。

Q 餐宴客人遲到該怎麼辦？

如果對方是你今天的主客，那麼可以試著等候對方到來之後才開始；如果是一般客人，最多等候十五分鐘即可開始上菜。若是西餐，遲到的人抵達時，就直接從目前這道菜開始吃起，不需要再回頭吃前菜了，否則遲到的人會吃得很緊張。當然前面已上過的菜，可以詢問遲到者是否願意打包帶回家。

Q 素食者在餐宴中有沒有什麼要特別注意的禮儀？

在點餐時，如果主人詢問：有沒有誰什麼東西不吃？請趁這個時候表達，不要不好意思。如果是早就預點好的餐點，建議你可以拿一下刀叉筷子，至少裝一下樣子，若有人發現你吃很少，只要說剛剛吃了點東西即可，而不要直接說出「我吃素」，否則會造成主人的尷尬。若被問起為何吃素，請不要說不忍心殺生等理由，這樣會讓其他人心裡尷尬，吃也不是、不吃也不是。你不妨輕描淡寫，例如：媽媽吃素所以自己也跟著吃，或者體質天生比較適合吃素等即可。

Q 如何當個好客人？

一場宴會要能賓主盡歡，必定是「賓」先歡了，「主」才會歡。因此想當個受歡迎的好客人，請遵循以下作客禮節：

◆ **穿對衣服**。請參照邀請函上面的Dress Code穿著。若是口頭邀約或邀請函上面未註明Dress Code，請事先詢問餐宴的形式來調整自己赴宴的服裝。

◆ **準時到達**。若知道自己會遲到，請事先通知主人，並表達對方務必準時開始、不要因你而延誤餐敘。

◆ **遵守食用順序**。若是吃中餐，任何一道新菜上桌，一定要等到主人或「上賓」夾第一口後，客人才能食用；而盤中剩下的最後一口菜絕對不夾，除非主人請你夾走。若是吃西餐，第一道通常會等大家的菜都上了，由主人宣告享用時就可以開始享用；但每個人用餐速度可能不一樣，因此第二道以後，主人有時候因怕餐點冷掉，所以只要有幾個人的食物到了，就會指示大家享用。

◆ **合宜點菜**。若為個人點餐形式，客人絕對不要點最貴的菜。

◆ **不接手機**。請將手機關機或轉靜音，餐中講手機，對主人與其他賓客都是非常失禮的一件事情。

◆ **適時讚美**。不要忘了適時適地適事的給予稱讚，例如你對今天菜色的喜歡、和主人談話多麼歡樂等，表達你的愉悅之心。

◆ **謝謝邀約**。用餐結束後一定要謝謝主人的邀請。

Q 請客戶一起吃商業午餐，往往是「最有生產力」的時刻，一頓成功的商業午餐究竟該從哪裡下手才能「請」出效益？

◆ 地點的選擇是成功的商業午餐的重要開始。建議你選擇自己熟悉的餐廳，邀約時可以這樣告訴對方：「在××附近有一家蠻棒的餐廳，我們一起吃個午餐如何？還可以順便談一下××事宜？你覺得下星期二方便、或星期四方便呢？」來完成初步的邀約禮節。

◆ 務必先行訂位，並在前一天與餐廳及來客再行確認。如果是自己未曾去過的餐廳，應撥冗預先探訪、試吃，確定食物的品質。我有位朋友甚至會請異性同事先去一探餐廳洗手間的乾淨程度，務求面面俱到。

◆ 訂位時避開廁所、走道、廚房與鏡子，並讓客人坐在「視野」較單純的位置，因為看不到餐廳的「雜景」或走來走去的客人，對方就比較能專心聽你說話。

◆ 坐下來之後，作東的你要挑個適當話題主動寒暄。不妨先談談輕鬆的話題讓氣氛加溫，例如工作、家庭、生活……等永遠是最好的話題。為了讓你的話題充滿樂趣，平時要多看書、電

影及參與一些活動，畢竟每個人都喜歡跟一個有趣的人交談。不過，任何交談都盡量不涉及宗教與政治；除非你很清楚對方的宗教與政治立場與你相仿，否則最好不提。

◆ 等到正餐結束，咖啡還沒有上桌前，是談正事最好的時機；若時間很緊迫，主食吃一半後也可以開始談公事。如果有文件，可以在正餐結束、咖啡還沒有上桌前拿出來討論，並且提醒你，只要你的商業午餐有文件要給對方看，那麼最好挑選菜色單純、上菜快的餐廳，讓後面的咖啡甜點時間長一些，如此雙方才有足夠的時間做討論。

◆ 最後，不要在客戶前面細數帳目，可以事先以信用卡或現金預付餐費，沒有「金錢」壓力的午餐可以讓這場邀約更加完美。並且雖然是在餐廳，但「送客」的禮儀仍不可忽視，你可以將客人送至門口並握手送別；若對方搭計程車，可為他叫車、開門，為午宴畫下完美句點。

Q 在外應酬，客戶一定要敬酒，該如何婉拒較好？

如果職場上的來往對象比較複雜，建議男性參加商場
應酬，最好不要破豪飲喝酒的先例，女性則在不熟識
或不信任的狀況下不喝酒。華人的喝酒文化讓有些人
有這樣的觀念：以為你是看不起他才不接受他的敬
酒，為了避免這樣的誤會，可以在一開始就表明讓對
方知道，你不能喝酒。如果敬酒真的對你造成困擾，
不妨編個理由讓他們了解，你是真的無法喝酒。如果
實在沒辦法，可以先做解釋，之後沾個唇即可。

Q 廠商請吃飯，該如何點菜？

吃合菜的話，一定是主人點菜。如果是吃一人一份的
餐食，不管是廠商或任何人請吃飯，請避免點價格高
出主人太多的餐點。即使主人請你別客氣，想點什麼
就點什麼，餐點價位應在主人上下的就好。相反地，
如果是你作東請客，身為主人的你可不要點太低價位
的菜，至少也要點中高價位；如果你不餓，點的份量
比較少，可以主動給客人一些建議，引導他點比較好
的，以免客人因為你點很少，而不好意思點比較好或
價位比較高的餐點。

Q 商業午餐適合小酌嗎？

喝酒雖然有助於雙方放鬆心情，可是喝酒也會留下酒味，如果你餐後還要回辦公室或有重要事宜待辦，建議你還是不要喝酒。因為「口中有酒味」對於個人形象具有非常大的殺傷力，試想：誰能忍受和一個充滿酒味的人進行訪談或開會呢？並且當你的意見與他人相左的時候，「酒後吐真言」與「酒後吐妄言」就成了他人自由心證的解釋了。

Q 和同事出去吃飯突然想抽煙時該怎麼辦？

雖然現在規定公開場合禁止吸煙，但是有些餐廳本著服務客人的心情，仍然會在室外、在不影響其他非吸煙者的前提下，規劃「吸煙區」供人吸煙；因此你可以先詢問服務員吸煙區在哪裡，若發現沒有任何吸煙區時，請暫時忍耐。

Q 紅酒的酒杯怎麼拿？

品嚐紅酒的時候要避免手溫影響酒味，所以拿酒杯時請以手捏住杯腳，而不是握住杯肚。

Q 點酒時要如何知道該點什麼樣的酒來搭配菜餚？

紅肉配紅酒、白肉配白酒大家都知道，但若是口味清爽的紅肉反而要配白酒，醬料調味重的白肉也可以配紅酒，如此，彼此的味道才能相互輝映。如果點餐時不知道該怎麼點酒，建議你詢問餐館的House wine為何，通常餐館的House wine都是經過篩選的，會有一定的品質；你也可以請侍者推薦，但是千萬要記得先問清楚價格，因為不同等級的酒價格落差非常大。

Q 聽說品酒通常都由男士來做的，但如果是女主人作東，是否就該由女士自己來品酒？

如果女主人是「酒的行家」，那麼品酒的工作當然可以當仁不讓。女主人也可以請男士中位階最高者或是對酒很懂的人來品酒，通常被指定品酒的人都會倍感榮幸的。在此提醒男士：因為國際禮儀乃由男主人負責品酒，所以最好能進修相關課程，讓文化涵養強化你的職場與社交競爭力。

Q 和一群友人相約在餐廳用餐，自己單獨抵達時，需要先入座嗎？

如果有訂位，可以請服務人員為你帶位先行入座。如果沒有訂位，但是和熟識的友人相約用餐時，你可以先在飯店大廳等到第二位友人到達再一起進去；若你只認識這次聚餐的主人（訂位者），請直接詢問服務人員，由服務人員帶你入座即可。

Q 用餐時若需要服務，如何呼叫服務員會比較好呢？

要點餐或需要特別服務時，可以先看一下座位附近有沒有服務員，當服務員注意到你時，再舉手示意。在稍具規模的餐廳，服務員和上菜的侍者是分工的，如果座位附近沒有服務員，而剛好有上菜的侍者經過時，可以請上菜的侍者幫忙叫一下服務員。呼叫服務員時，不宜大聲叫喚或拍手叫喚；另外，除非必要，否則不要主動起身去叫服務員，有時候這個舉動擺明了表示這家餐廳的服務品質有待改進。

Q 在餐廳用餐時，突然發現菜裡有不明物體時該怎麼處理？

在菜裡發現「不明生物」或異物時，不要聲張，以免影響其他人的用餐情緒與食慾。這時可以請服務員過來，低聲地請服務員幫你更換一份新的餐點，或者更換乾淨的餐具。

Q 使用餐巾時，要注意哪些事情？

餐巾的主要用途是防止食物弄髒衣服，並且用來擦拭嘴上或手上的油漬，千萬不要拿來擦臉、擦餐具或擦桌子。主人打開餐巾，等於是為宴席拉開了序幕，這時客人就可以跟著打開自己的餐巾，並且把餐巾攤放在大腿上。如果餐巾不大，攤開後剛好可以蓋住併攏的大腿，就不需對折；如果餐巾很大，則可以斜角對折或直接從中對折，開口朝外平放在大腿上。十二歲以上的青少年及成人，不宜把餐巾塞在領口上用餐。在用餐中途需要暫時離席的話，請將餐巾約略折整齊（不需要折回餐巾原來擺放時工整的模樣）放在餐具的左側，而不是任它皺成一坨放在桌上。用餐結束，主人會將餐巾放在桌上，表示餐宴已告尾聲，你才可以跟著把餐巾放在桌上；此時你不宜另起話題，應做餐敘結束的準備。

Q 參加自助餐式的宴會，有特別需要遵循的禮儀嗎？

參加自助餐式的宴會，請酌量取菜，喜歡吃的菜可以多拿一些，但不要把整個盤子裝得滿滿的，也請避免把好幾種菜混在一起，讓餐盤看起來像個大雜燴。其實大家只要想想高級西餐廳在上菜時的份量，並依高級西餐廳上菜的順序：湯品、沙拉、前菜、主菜、甜點或水果、咖啡或茶的順序取用，就絕對不會出錯。其次，自助餐取菜時請使用取菜專用的刀叉、湯匙或夾子等公用餐具，切忌在餐台前邊取菜邊吃東西、對著菜餚嘻笑說話，以保持個人與公共的衛生；取菜的速度也要注意，不要在餐台前想半天，或者拿起食物又放下，這些動作都會讓後面的人很困擾。最後要提醒你，當你參加自助餐會時一定要等到大家第一道菜到齊了才吃，吃的速度也要盡量和大家保持同步。

Try it

1. 讓自己參加專業的禮儀學習課程，建立社交禮儀的能力。

2. 為自己安排一次正式的西餐，並以本章節的要點提示做演練，若遇到其他的疑問，歡迎以 Facebook 訊息詢問（請搜尋「陳麗卿形象管理學院」），或來信：service@perfectimage.com.tw。

Perfect Image 觀點

以禮相待，賓主盡歡

在商場上，一個成功的拜訪或接待背後，都伴隨著無限商機。從拜訪與待客的細節中，可以觀察出一個人的教養和格局，以及他的公司是否重視禮儀、是否國際化。成功的拜訪與接待，隱藏著一個「好客人」與「好主人」要如何養成？身為客人，我們希望帶給主人良好的印象與和諧歡樂的氣氛；身為主人，我們希望客人從進門到離開，都能夠「賓至如歸」。因此做好拜訪與接待的禮儀，是二十一世紀商場與社交上將角色扮演成功的重要關鍵。

Q 去朋友家拜訪，想抽煙時該怎麼辦？有沒有什麼狀況是絕對不能抽煙的？

室內最好不要抽煙，如果你想抽煙，不管主人本身有沒有抽煙，都必須徵得主人的同意方可抽煙。建議你可以移駕到陽台等空氣流通的地方去抽。若是在室內抽煙，請留心吐煙的方向，避免讓吐出的煙直撲別人的臉上。另外，吸剩的煙頭請按熄之後再放進煙灰缸裡，不要把還在燃燒的香煙放在煙灰缸內就不管了。

至於什麼時候絕對不能抽煙呢？只要主人不抽煙，絕對不要在室內抽煙；另外不管主人抽不抽煙，只要有孕婦、小孩、不抽煙的長者或位高者在的時候，也不宜抽煙。

Q 覺得自己快喝醉酒的時候，可以先離席嗎？如果在前一天的酒席中喝醉失態，事後怎麼處理比較好？

當你喝到酒量的三分之一或一半時，可以先向主人或勸酒的朋友聲明自己的身體情況不宜再喝了，然後就真的不要再喝了，否則朋友會把你的聲明當作是推拖之詞，反而不禮貌了。在還沒有喝醉失態前，先告辭離席是比較妥當的。萬一喝醉失態了，可以在第二天酒醒後，致電向主人道歉致意，這樣做比什麼都不說要好。

Q 公司「送客」的禮儀該怎麼拿捏，需要「送客送到家」嗎？

公司的「送客」禮儀應該依照客人的重要性來決定應該送到哪裡。例如對於公司貴賓，應該由邀請部門的主管送至樓下大門口，如果對方沒有開車，應為對方招計程車，並幫對方開車門、關車門後，目送對方上車離去，直至計程車消失為止；千萬不可等對方一上車就馬上轉身離開，否則對方在感動之餘，回頭看到的是你迅速離開的背影，還真是滿失禮的一件事。

如果是一般的客人，也應送到電梯口，為對方按電梯，目送對方離去；如果因為公務纏身無法親自送客，也應起身將客人送到公司門口、部門門口、或是自己辦公室門口，再由秘書代為送客，這才完成了送客的禮節。

Q 公司為客人奉茶，怎樣才算「禮貌」呢？

禮貌的標準，不是只在自己心中，更重要的是，對方要看到、感覺到我們的禮貌。對於公司奉茶的禮貌，我想分享我的一個經驗：有一次我到一家知名的會計公司和總經理討論員工專業形象訓練事宜，這時他的秘書小姐端著二個空杯子和一個茶壺來到

我們面前，結果總經理發現杯子是濕的，當總經理提出
「杯子是濕的？」的疑惑時，這位秘書小姐竟然回答：
「那是開水的水！」

從職場禮儀的角度，我認為這位秘書其實犯了兩個錯
誤：首先，在客人面前頂撞總經理，是沒有為總經理保
留面子（如你遇到這種情況，只要笑著說「對不起，我
去換一個。」就好了）；其次，所有端給客人的杯子、
盤子，不應該有水滴，當然連乾掉的水漬都不行；杯子
或盤子上的不明水滴或水漬，客人肯定認為那是「髒的
水滴或水漬」，保證不敢碰你奉上的茶水。

那麼，公司奉茶的禮儀到底該遵守什麼樣的原則呢？當
你在為客人奉茶時，除了水杯托盤應該完全乾淨之外，
可以從右後方將茶水奉上（除非坐的是沙發，此時需要
由前面奉上），放在客人的右前方，而且先為客方職位
最高者奉茶，之後再順時鐘或逆時鐘依序奉茶；如果此
時不是會議或對話進行中，可以微笑對著客人說：「請
用茶。」而身為客人，拿到茶水時，可以輕聲道謝或點
頭致意。

最後，我還要提醒大家，奉茶時，忌諱主人和客人的水
杯或茶水不一樣（除非主人的身分地位年齡高出客人許
多），例如主人用磁杯、客人用紙杯，主人喝人蔘、客
人喝白開水等，一定要注意！

Q 要如何成為稱職的主人？

一場宴會的成功來自於主人適當的禮儀、體貼賓客的心、與對小細節巧妙的掌握。以下是常被忽略掉的宴客小細節，提供給你參考：

◆ **提前抵達會場**
主人應提前十至十五分鐘到達會場做準備，假使臨時有事必須延遲到達，要讓客人了解你的狀況以及將晚到多久，同時致電請餐廳經理先招待客人就坐，並送上餐前飲料。

◆ **安排適當的座席**
千萬不要請客人「隨便坐」，因為不同的座位安排會產生不同的餐宴氣氛。安排座次時，除了考慮輩分、職位、性別等因素外，也須注意鄰座間彼此是不是合得來、是否能在談話時擦出火花，以利宴席的和諧與融洽。

◆ **主人點餐禁忌**
通常客人會跟隨主人的點餐模式，所以主人餐前飲料不可以只點白開水，這會讓想點果汁或酒類的客人，感到不知所措，建議主人不妨改點礦泉水或氣泡水代替白開水。通常較周詳的做法是當服務員問你是否要餐前飲料？你可以點頭說好，

然後示意請右手邊的客人先點，依序到最後才輪到主人點。另外，主人請至少選擇中價位的餐點，縱使因特殊原因無法進食太多，也務必讓客人瞭解，並適時地推薦好吃的餐點，自己最後再點。

◆ **宣告餐宴的開始**
餐巾除了擦拭嘴巴、保護衣服不被弄髒之外，更有「揭示餐宴開始和結束」的功用。身為主人的你，將放置在桌上的餐巾放在腿上時，便代表宴席就要開始；而當主人把餐巾折好放回桌上，則暗示著餐會即將結束。

◆ **啟動飲酒儀式**
正式的餐桌禮儀，主人沒喝第一口酒之前，賓客是不能先喝的，所以身為主人的你，請記得舉杯感謝大家的蒞臨，開啟「飲酒儀式」。最忌諱因為自己不飲酒，擅自省掉敬酒的動作，此時你可以用熱茶或果汁等非酒精飲料代替，避免因為沒有「飲酒儀式」而讓客人尷尬，喝也不是，不喝也不是。

◆ 導引正面話題

進餐期間，要注意交談內容是否輕鬆愉快、有趣、健康。當負面話題、或引發用餐氣氛不愉快的談話內容出現時，主人可以用敬酒、勸菜等方式技巧地移轉焦點，並將話題導向明朗的氣氛。

◆ 不因遲到影響席間用膳品質

一般而言，等待客人的時間不要超過開席時間的二十分鐘。對於那些在餐會遲到慌張入席的客人，最好的方法是讓對方跟著目前上菜順序用餐，而不是從前菜開始，才能避免匆匆促進餐所引發的倉促與不適。

◆ 優雅處理結帳事宜

當眾仔細核對帳單明細的舉動，往往令在場的客人感覺尷尬。較好的處理方式是，在宴席即將結束前，先到櫃台結帳，讓客人留下舒適從容的好印象。

◆ 誠意送客為饗宴畫下句點

餐宴結束時，請記得為沒有交通工具的客人，安排妥當的交通工具與路線，並在門口握手話別、目送賓客離開後，主人才可以離開會場。

Q 辦一個成功的餐宴，如何要求來賓的穿衣模式？

一場成功的餐宴，不只人對、餐對、「背景」也要對，所謂的「背景」包括餐廳的佈置、音樂以及賓客的衣著樣子，「背景」是營造、左右餐宴氣氛，進而影響用餐

感受的大功臣。或許餐廳的佈置與音樂我們常無法控制，但是賓客的衣著樣子我們卻可以掌握；如果賓客的衣著能呼應今天餐宴的主題，將更容易帶動大家投入今天用餐的歡樂情緒裡。

因此建議你在請束中宜載明對服儀的要求，也就是明確的「Dress Code」。例如我參加過最成功的餐宴之一，該女主人在邀請函上註明的「Dress Code」是：男士著○○七式的純黑西裝、白色襯衫、黑領結，並戴太陽眼鏡；女士著純黑色或正紅色晚禮服。當我抵達現場，看到入口處放了給男士的太陽眼鏡、與女士自行裝扮的晶亮貼紙及各色羽毛圍巾，不僅感受到主人的貼心與擅長安排晚宴，讓當晚的客人開心到極點。最後提醒身為主人的你，可以準備適當的單品幫助穿了不合適服裝出席的賓客做更替，不但可以紓解賓客的尷尬，也讓整體餐宴更圓滿成功。

Try it

練習扮演主人的角色，並且從小的Party開始，實習體會主人應具備的禮儀，並且為自己評分。如果還有任何疑問，歡迎來信：service@perfectimage.com.tw。或參加我開設的〔表禮如儀〕課程。

Chapter 6

社交禮儀

品牌符號學

得體應對廣結善緣

The Art of Social Etiquette

善於溝通的人，
不管是在什麼樣的場合，
他都能無礙的進行雙方流暢的互動，
他不只是用嘴巴說話、用耳朵傾聽；
還用眼睛讀你的心，用肢體傳遞無聲的訊息。

行走搭車的禮儀

Perfect Image 觀點

走路搭車,動靜皆禮

所謂「行」的禮儀,泛指走路、駕駛、搭乘交通工具時的禮儀。特別是跟其他人一起走路或搭乘交通工具時,更要懂得「行禮如儀」,例如:在什麼情況下需要遵守「女士優先」的原則?該走在長輩的哪一邊?該坐在車裡的哪個位置?甚至上下車的姿勢……等。有經驗的人很容易透過這些小細節「看」出一個人的出身背景、文化教養與隱在個性;一個小動作都會讓我們被加分或扣分,因此養成自己「行」的禮儀,優雅和彬彬有禮,就在舉手投足、行走坐臥之間!

Q 轎車的座位要怎樣安排才合乎禮儀？

如果乘坐的車是由專職司機駕駛，和司機呈對角線的後座就是俗稱的「大位」或「上位」。第二順位是在司機後面的座位。後座中間是第三順位，駕駛座旁的位子是第四順位。（不管駕駛座在左邊或右邊皆相同。）如果主人親自開車，駕駛座旁邊的前座就是主位，後座的順位不變。所以當客戶或朋友親自開車來接你，千萬別一股腦兒鑽進後座，對方會以為你將他當成司機，如此就很失禮了。另外，在一般商務場合如果有三人搭乘計程車，通常只會有二人坐後座，不會三人全擠在後座；喜歡擠在後座的你一定要注意。

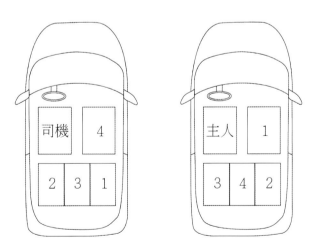

Q 乘坐轎車的上車先後次序為何？

若有年長或位階高者同行，你可以在車子的右側先幫年長或位階高者開車門，之後由車後面繞到車子左側入座。

不過在交通流量大的地方，左側通常是車水馬龍的狀況，此時左側的座位不方便上下車，因此會改從右側進出。此時你如果先讓長者上車，反而會犯了乘車禮儀的大忌——身為小輩卻坐到「大位」了。像這樣的情形，年幼或位階低者可以先行上車並且坐到左側座位，如果不清楚對方是否熟悉乘車禮儀，或擔心被誤會是不懂禮貌先上車，你可以說：「內側的位置不好進去，讓我先進去」或「外側是上位，您坐外側」等等，如此一來，在做到乘車禮儀的同時，也不會引起不必要的誤會。但有些情況例外：如果夫婦或伴侶同坐後座，則由男士為女伴開車門，讓女伴先行上車，自己則坐外側；如果是年長或位階高者，天冷風大下雨時為了保護他們不迎風淋雨，也可以請他們先行上車。

Q 男士需要幫女士開車門嗎？

為女士開門、提重物，都是合宜且受歡迎的紳士禮
儀。不過女士這方也要獨立自主，適時調整因應狀
況，才不會發生你站在車門邊等待，卻沒人來服務
的尷尬；若是男士要幫你開車門，請說「謝謝」，
不必堅持一定要自己開車門；因為優雅自然地接受
男士的服務，也是名媛淑女必備的社交禮儀哦。

Q 聽說女人是不宜坐前座的，是真的嗎？

的確，乘車禮儀女士是不坐前座的，並且這個原則
無關乎女士的位階，所以即使同行的一群人中，女
同事的位階最低，此時男士中位階最低的，也應該
坐前座。不過若夫妻或伴侶同行，當先生開車時，
前座肯定是他夫人的「寶座」，可別跟人家搶啊。

Q 和先生一起去機場接他的上司（先生開車），
此時應該是誰坐前座？

在禮貌上你可以將前座禮讓給先生的上司，但是如
果上司執意讓你坐前座，也不需刻意推來推去，因
為當先生開車時，夫人坐前座是合乎禮儀的。

Q 女士邀請廠商來，而對方是男性，請問應該由誰開車？

通常是由車子的主人擔任駕駛，所以如果是你自己的車，當然由你來駕駛。如果是公司車或是租車，也可以由你駕駛，因為你是主人。但是，有些男士不習慣由女性開車為他服務，如果你感覺到他的不適應，或者他主動要求擔任駕駛時，請大方接受他的好意。

Q 乘坐他人車子的禮貌注意事宜？

私人轎車是個很個人的私密空間，也可以說，搭乘別人的車，就是進到他的家。如果你沒有經過主人同意，請不要主動伸手扭轉或調節車內的音響與空調設備。還有，千萬別批評主人的車子，像是外觀、車內空間小、髒亂、音響不夠好……等等。即使對方已先行致歉告知車子髒或車內凌亂，也請試著說一些會讓對方釋懷的話。

此外，主人的位置旁邊一定要坐人，即使是座位凌亂，他要你坐後頭，你最好還是委婉地表示你想坐前座，此時你可以幫忙將前座的東西移到後座放好。若是有兩位以上的乘客同行，當前座的人中途先行下車，後座的人也要向前補位才好。

Q 上下樓梯時，須遵守「Lady First」的原則嗎？如果剛好是穿著短裙，可以讓男士走在前面嗎？

上樓梯時，女士應該走在前面，男士跟隨側後方，大約相隔一、二個台階的距離，因為男士行進的位置稍微偏側、並且只隔一、二個台階，所以視線的落點不會剛好在女士的臀部，女士不用怕尷尬。下樓梯時則剛好相反，男士宜先下，走在前面。

Try it

無論坐、站、行走，請依「前尊右大」的原則（第25頁），有意識的實踐並體會其間的禮儀。

品牌符號 精緻感動的送禮文化

Perfect Image 觀點　好禮傳情，遠近親疏皆不同

送禮學問大，送出去的禮不論是「輕如鴻毛」還是「重如泰山」，最重要的是，是否有把你的「心意」送到對方的心坎裡！禮物可以是一份祝福、一個鼓勵、一種紀念或一句誓言，其珍貴性和價值，往往不在它的實際價格，而是它蘊藏、承載了多少送禮者的感情。事實上，送禮是為了讓對方感到開心和溫暖，送禮者要用心挑選禮物，考慮對方的喜好、身份、親疏，注意對方的需求（包括實際需求和精神需求）、渴望，甚至加進你的巧思創意，那麼對方在收到禮物時的驚喜和感動，將會成為他難以忘懷的記憶。

最好的禮物是對方喜歡、用得到的，不會造成對方負擔壓力的禮物。因為當收禮者收到不喜歡的禮物時，對於如何處置這些禮物常常感到煩惱不已：丟掉又覺得對不起送禮者，擺出來又對不起自己的品味。而在職場上送禮的學問更大了，送得好讓人際關係更圓融，送得不好則可能引起誤會，甚至還會招致「賄賂」之嫌，唯有拿捏送禮的合宜分寸，美好的心意才不會白費。

Q 受邀家庭餐宴，該如何送禮才合宜？

我在美國居住十多年，美國人邀請朋友至家中餐宴的機會比我們多很多，因此要怎麼送禮、送什麼東西最合宜？我將所學到的經驗提供給大家參考：

◆ **花束**。一般而言，主人在請客前通常都會忙碌於宴前準備，因此送已經搭配好的花束甚至已經將花插好在花器上的花束，可以減輕主人插花的煩惱，並且事先請花店將花束送達以利宴會的佈置準備；例如你參加的是晚宴，那麼就請花店下午將花束送達；或者在餐宴結束的第二天再送花束也是不錯的做法，還可以順便奉上謝函。

◆ **甜點**。你可以事先詢問女主人是否由你準備甜點，並且瞭解當天的菜色選擇適合搭配的甜點，以避免菜色不合、浪費美意。如果事先未與女主人溝通而自行帶來甜點時，你可以說：「這甜點不錯，給你們明天吃。」千萬不要說：「這是我帶來的甜點，等一下可以吃。」以免造成女主人的尷尬，因為她會煩惱要用你帶來的甜點，還是用自己準備的？此外，建議你也可以送第二天的早餐糕點，以避免跟當晚的點心重覆。

◆ **酒**。相同的，想要送酒時也不要帶給主人困擾，你可以事先詢問是否由你送酒？然後配合餐點送餐前酒、餐中酒或是餐後酒。若沒有先告知而自行帶酒時，則與甜點的處理方式相同即可。

Q 參加記者會或開幕酒會時，送花或盆栽要注意到什麼？

建議你，送禮之前先詢問主人或他的秘書：有否負責的花店統籌處理？若無，花圈、花束或盆栽何者為宜？酒會場地的佈置有沒有主要色彩或主角花朵，而主人最喜歡什麼花呢？請記得，若無花店統籌處理，不管是送花圈、花束或盆栽，都要能在宴會佈置時間之前送達會場，方便主人或工作人員事先安排擺放。

Q 出國旅遊回來是否需要帶禮物給同事？

帶禮物給同事表達你在出國這段期間，同事接替你的工作持續打拚的感激，是很不錯的心意表現哦！但是不需要每個人都送禮，只要帶一些國外吃的特產請大家一起吃就好了；萬一你送的禮物是小紀念品，最好選擇實用性佳的，例如：有巴黎鐵塔圖樣設計的筆就會比巴黎鐵塔的擺飾品好。因為每個人可以有很多支筆，但對於「擺飾」的品味卻不相同；你認為好看的，人家未必喜歡，反而會為對方帶來煩惱。

Q 送禮的價值大約要拿捏在哪個層級？

禮物的收受應該要掌握「送禮送到心坎裏」，而不是以「價錢」做衡量；一般而言，當你送太貴的禮物給對方時，對方的負擔也會相對的變大，因此選擇適合的禮物比貴的禮物還重要；例如書、酒、小特產等，都是不錯的選擇。

Q 送客戶禮物，有什麼需要注意的地方嗎？

跟客戶之間的「禮尚往來」的確是門藝術。有一家
公司請我做員工服務禮儀訓練時，課程的要求之一
就是教員工如何送禮。這家公司的主管提及：有一
次他看到自己的員工大剌剌地將一大包的禮物交給
廠商，而廠商又帶著這一大包禮物從眾人面前走
過，雙方都好尷尬。

送客戶禮物首先要注意的是「時機」。適合送禮的
時機有：逢年過節、當對方獲得晉升、新婚、寶寶
誕生、喬遷之喜、生日……等；也可以送禮祝賀對
方邁入事業的另一個新里程碑。此外，當自己不小
心冒犯他人或遺漏重要事情時，可以藉著送禮，誠
心地表達歉意。當然，如果對方遇到不順心的事，
不妨送個「禮輕情意重」的小禮物表達你的關懷與
鼓勵，雪中送炭的溫暖是錦上添花無法比擬的。

特別提醒你：當你正在爭取一筆交易，或是當雙方
的企劃或合約還在考慮或交涉的階段，絕對不是送
禮的好時機。畢竟，如果一時的好意卻淪為不名譽
的指控，可真是遺憾又掃興了。所以貼心的禮物請
在成交或結案後再送出。

至於禮物的份量和生意規模的大小有關。一般而言，完成大生意送的禮就大些；完成小生意送的禮就小些。送什麼樣的禮物給客戶最安全？例如表演入場券、書、水果、點心、茶葉、濾掛式咖啡跟酒都是很好的禮物，千萬別送太過私人的物品，例如送絲巾或領帶還可以，送內衣、珠寶或衣服就不太合適了。

無論如何，送禮最重要的是：讓對方感覺到這份禮物是傳達你的友誼、愛和溫暖，而不是別有用心。

Try it

1. 平常細心觀察身邊的人的喜好，以及客戶的喜好，才能在需要送禮時，挑選出他們喜歡的東西。

2. 若沒有辦法知道對方的喜好，請挑選安全、萬用的優質禮物做為你的備胎。

3. 準備幾款不同場合使用的卡片，它是豐富你在社交禮儀上的小工具。

Perfect Image 觀點 ## 讓積極正面成為自己人生最好的禮物

讚美是最容易送出去的禮物，一個發自內心的真誠讚美，就是給對方最好的肯定，並為世界帶來正面的能量。讚美的珍貴不僅是「錦上添花」，更是「雪中送炭」，它可以化身為溫暖的鼓勵，給正處於低潮的人一股振作的動力。所以請適時、適地、適人地給予讚美，讚美這個禮物是永遠送不完的！它就好比香水，當你把它灑向別人時，你自己也會芬芳四溢。

Q&A

Business Manners

Q 如何誇獎同事？

想要讚美一個人，可以從穿著打扮、辦公桌上的佈置、在職進修、專案結案、業績成長、提出好建議……等方面下手，只要發揮你細心的觀察力，當你真心想讚美的時候，就大方地說出來讓對方知道，譬如：「你的新髮型很好看耶！」、「你剛剛在會議中提出來的××建議很棒喔！」瞧！讚美就是這麼簡單，別想太多，講出來就對了。

Q 職場上對異性的讚美要注意什麼？

如果是外表上的誇獎，不要講太長太多，言簡意賅就好，並且措辭要盡量中性，例如：「你今天好漂亮」、「你今天看起來很有精神」、「你的領帶很好看」等，而非：「你真是我見過最帥的男人」，或「你真有女人味」。如果是工作上的誇獎，要提出事實，不要含糊地說「你今天的簡報很棒」；而要說，「今天簡報中關於公司產品新包裝的觀點很棒，希望有機會能和你討教。」

Try it

每天讚美三個人。不管使用何種方式，讚美什麼，請每天讚美三個人；除了可以增加自己的人際魅力外，還能培養細心觀察的能力。

Chapter 7

溝通禮儀

品牌符號學

以溝通成就夢想

Talking Your Way to the Top

人的五官裏，眼睛負責注視，耳朵負責傾聽，
鼻子負責調節氣息，肢體負責傳達訊息，
嘴巴負責溝通，缺一不可；
將五官運用得宜，
讓溝通無障礙，
我們都要學習：團結合作力量大。

7

品牌符號 傾聽與溝通的高尚禮儀

Perfect Image 觀點　互相尊重成為好搭檔

每個人都有說話與被傾聽的需求，但是大部分的人急著一吐為快，並渴望對方聽你說話，卻忘了每一個人都有被傾聽的高度需求。根據《男女大不同》一書，兩性專家約翰·葛瑞（John Gray）博士指出：男人以能用最少的話語即能將一件事情說清楚為傲，女人卻以能將感覺講出來、並獲得同儕認同為榮，因此，男人常覺得女人囉嗦，女人常覺得男人不聽。如果男人學會聽，女人學會話少，或許就會讓兩性的溝通更為輕鬆。

Q&A

Business Manners

Q 如何做個好聽眾？

事實上，傾聽是溝通的基礎，可惜我們往往會把
焦點放在自己身上，不斷講述自己的事情或看
法，希望對方把我們的每一句話都「聽進去」；
但是輪到對方講話時，我們卻忘記要專心傾聽，
可能不時插離話題、想著如何接話、等會兒要做
的事……，心思根本不在對方所講的話上面。我
們忘了：對方可能也渴望被傾聽，並且也都可以
感知到我們有沒有在聽。

真正的傾聽不只是用耳朵聽而已，擅於傾聽的人
很自然的會用「全身的肢體」在聽：大部分時間
注視著對方的眼睛（但不要一直盯著看），將身
體微微地前傾向著對方，這些都有「傾聽」、對
對方的話題感興趣之意；如果可能的話，坐靠近
對方一點，適時地用聲音、表情來回應，例如點
頭或以「嗯、嗯」應和，都可以傳達出「我非常
贊同」「我聽到了」之類的意思。

Q 如何將自己的想法快速整合並表達出來呢？

我有位長輩非常善於在公開場合講話，即便是臨時被請
上台發表意見，他都能不疾不徐言之有物，讓人很佩
服。有一次我忍不住向他請教，他教了我二個技巧：

◆ **把想要表達的觀點條列化**
溝通時，對方本來就已經很難將你的字字句句都聽進去
了，更何況是長篇大論的對談。試著將觀點條列成第一
點、第二點、第三點，表達時自然就會有邏輯、有系
統；不僅有效縮短溝通時間，更能幫助對方專注於你表
達的重點，並且更容易理解與記憶。

◆ **針對問題或事件的「過去」、「現在」、「未來」依序**
論述
這個方法在你臨時被問起某個不易回答的問題時特別好
用。當你順著時間邏輯概念，根據問題或事件的「過
去」、「現在」、「未來」依序發表意見時，腦袋中會
立刻出現清楚的脈絡，而且也能幫助對方很容易有條理
地聽進你說的話。

Q 若想受到女性歡迎，男人可以如何修練談吐？

男士的談吐首重「聲相」。目前社會觀點認為，男人的
聲音就該有低穩的音階、不疾不徐的速度，才能顯現男
人的莊重，進而對他產生信賴感。這也是為什麼美國好

萊塢著名影星梅爾‧吉伯遜（Mel Gibson）、湯姆‧克魯斯（Tom Cruise）的聲音需要先透過一種特別儀器處理，將他們平常偏高的音質，調整成在電影中我們所聽到的低沈富有磁性的聲音。

此外，想要受到女士的歡迎，在理智精簡的陳述事實時，建議你不妨多加百分之十的旁枝末節，也就是分享一些事情的過程或描述一些你自己的感覺，會讓你成為一位比較有趣的人。因為女人常抱怨：「每次跟男人說話，我喜歡提出問號，他總是用簡短的句號回答我，真無趣。」別忘了女人是感性的動物，喜歡分享過程與感受，和男人講究邏輯科學與事實的表達方式不同。如果男人懂得讓言談幽默，就能輕易軟化男人重點理智的講話模式，讓自己多點彈性、聽起來更舒服。不過，幽默的運用要得當，千萬不要流於低級，尤其是牽涉到女性身體或炫耀自身「性」方面的玩笑千萬不能提，以免降低自己的格調。

最後我要提醒男士們，我發現男士在說話時，常不自覺地越說越大聲，或者不太看別人的表情，以至於沒有觀察到對方的負面反應而自顧自地一直講下去，這對溝通反而烙下反感記號；因此要常提醒自己，控制自己的音量，並觀察對方反應哦！

電話應對禮儀

Perfect Image 觀點　**全心溝通，真誠表達**

隨著通訊科技的發達，「電話」在商務溝通所佔的比例也愈來愈重。比起面對面溝通——有表情、眼神、肢體動作、外表形象等做為溝通輔助媒介，電話中則只能倚靠「聲音」來溝通，也就是說，在電話中，「聲音」將是你唯一的籌碼，如何光靠聲音（包括語調、說話內容和結構），展現專注、熱情、親切、誠懇的同時，清楚論事、圓融談情、將你的敬業與專業呈現出來，讓電話那一頭的人心想「這家公司（或此人）真是名符其實的專業／熱情／親切／誠懇」，就是每位職場工作者必修的一門學問了。

Q 公司接聽電話的開頭語要說什麼？

接聽自己的專用分機時，可以直接報上自己的姓名，例如：「你好，我是×××。」；如果接聽的是部門共用的電話分機，則必須報上部門名稱，例如：「你好，這裡是企劃部。」或者「企劃部，你好。」如果接聽的是全公司共用的電話機，當然就要報上公司的名號，例如：「××（公司名），你好。」如果你是秘書，為總經理辦公室接聽電話時則要說：「總經理辦公室，你好」。

Q 接聽電話的聲音可以訓練嗎？

正確的打電話姿勢可以明顯改進一個人電話聲音的品質。我在為企業員工做服務禮儀與業務訓練時，會要求學員們：打電話時讓手肘離開桌面，因為手肘靠在桌上講話聲音容易顯得沒有精神、暗沉或缺乏熱情。講話時一定要微笑，最好桌子面前擺一面鏡子，提醒自己微笑說話；你可以試著錄下自己面帶微笑時說話的聲音，以及板著臉時說話的聲音，並做個比較，就會發現兩者傳達出來的聲音感覺是很不一樣的，微笑說話時的聲音會稍微高一些，聽起來會更親切有活力。如果你發現自己聲音太小、中氣不足，則可以站起來講電話，效果會好很多喔！

Q 如何幫老闆接聽電話？

一般來說，老闆分成「可接聽電話的老闆」，與「不接聽電話的老闆」。

如果是可接聽電話的老闆，可以在得知對方的姓名、公司與職稱之後，然後按靜音，將對方的姓名、公司與職稱等訊息完整告知給老闆後，再由老闆接聽電話。

如果是不接聽電話的老闆，請以「老闆目前忙碌中或不方便接聽電話」為由告知對方，再詢問對方是誰，然後將對方的姓名、公司、職稱、欲聯絡事項大綱寫在Memo紙上，由老闆決定要不要回電給對方。在此要特別提醒，一定要避免先問對方是誰之後再說老闆不在，順序一顛倒，會讓對方以為老闆是故意不想接聽他的電話，因此得罪了人而不自知。

Q 如何做好電話留言的工作？

幫別人做電話留言時，請儘可能做詳盡記錄，不妨掌握「3W」原則— Who（對方的姓名、單位、電話）、What（相關事宜）、When（來電時間與方便回電時間）。建議公司的管理單位可以製作標準格式的電話留言便條紙，發給員工使用，讓大家都不會漏掉該記錄的事項。

Q 幫同事做電話留言時，若對方沒有要留電話的意思，只說「他有我的電話」，這種情形該如何處理？

這個問題牽涉到打電話來的人與被找的人。有時候打電話來的人認為「他有我的電話」，可是對被找的人來說卻不見得！尤其在工作忙碌的時候，很可能一時之間想不起或找不到對方的電話。所以即使對方說是很熟的朋友，也請他留下電話號碼，可以省去找查電話的麻煩與時間。

此外，通常我們的問話會導引別人的回話，例如，如果我們問：「他有你電話嗎？」或「你要留電話嗎？」對方就傾向回答：「他有我的電話」或「不用了，我再撥就好」。因此建議你直接問：「你的電話是？」而不是「他有你的電話嗎？」如果對方仍拒絕留下電話，也請註明在留言Memo裡。

Q 有人來電找正在會議中的同事，要如何處理？

如果是重要的會議，依上頁的「3W」原則記下留言。如果對方說是急事，也不要直接請本人去接電話，而是採用傳字條的方式，讓本人來決定是否需要立刻回電處理。最怕接電話的人不清楚電話是否重要，就要開會的人去接電話，結果打斷會議後才發現是一通根本不重要的電話。

Q 碰到電話中滔滔不絕的人該怎麼辦？

若是關於公務事宜，不妨問對方，可否先用Email、傳訊息或傳真的方式提供資料。若是個人閒聊，可以客氣地詢問對方，是否方便待會兒再打電話給他。例如：「黃先生，不好意思，我現在手邊有件事需要緊急處理，可否晚一點（或之後）再打電話給你？」

相對地，當你撥出電話時，請養成詢問對方方不方便接聽電話的習慣，由對方決定時間與場合是否合適接聽。而當不確認對方是否方便接聽電話時，可以先以訊息告知須洽談事宜，並詢問何時方便致電，等時間方便再撥打電話過去。

Q 發現自己打錯電話時，應該說些什麼？

請說聲「對不起」之後再掛斷。若不確定自己是誤撥或記錯電話號碼，千萬別問對方：「你幾號？」而是要說：「請問你這裡是××××××××（電話號碼）嗎？」

Q 講電話可以使用擴音功能嗎？會不會讓對方覺得自己不禮貌？

「有一次我和一群男士打完高爾夫球後，在車上撥電話給太太，告訴她『現在打完球，要跟球友一起去吃飯』，但我忘了跟太太說自己開了擴音，誰知道電話那頭的她突然咆哮：『你這個死鬼，都不回來吃飯！』讓我當場陷入尷尬，也讓同車男士們異口同聲地說：擴音功能，還是少用為妙！」

這，是我的學員在【表禮如儀】課程中分享的真實故事。雖然是件趣事，但是卻充分體現了「擴音功能」的風險性。一般而言，我們會預設兩個人通電話時，是一對一的交談，對話也僅止於雙方之間。但是，當你使用擴音功能時，你身旁的其他人也聽得到對方在說什麼，彷彿你跟他的秘密被公開洩露一樣，會帶給對方不安全感，甚至說不上來的不舒服。此外，使用擴音功能時，聲音聽起來會有回音，彷彿從遠方傳來似的，不但聽起來不真切，還會讓人產生不知道你正在做其他什麼事的聯想。

因此，當你必須使用擴音功能時，請先告知對方原因與在場人士有誰，讓對方可以選擇要用什麼樣的語氣、語意跟你溝通。例如你可以說：「對不起，我需要邊聽邊做筆記，所以需要使用擴音器，旁邊有××在場，方便嗎？」得到對方首肯後，你才能開啟擴音功能。

Q 講電話時，要如何讓對方感受到我正在傾聽？

使用電話時，要比面對面溝通更全心全意。平時面對面的回應除了口語上的「嗯」、「喔」、「是」等，還有表情的微笑、點頭、蹙眉、眨眼等附和。但因為電話溝通時看不到對方的表情，此時聲音是我們唯一收到的回應，所以適時加入「嗯」、「喔」、「是」等口語附和就更形重要了。此外，打電話時，務必停下手邊正在做的事情，專心溝通，不要分心，請記得：打電腦、翻資料的聲音對方都聽得到，甚至只是短暫一秒鐘的「離場」或心不在焉，對方也會知道。千萬別以為別人看不見這端講電話的你，就可以隨隨便便，其實透過你的專心度、熱情度、聲音、語調、反應，對方都能感受得到你現在的「狀態」。

Q 在電話上，如何有技巧地請對方重複重要資訊，而不會讓對方覺得是在指使他做事情？

如果對方是長輩或上司，請他再唸一遍資訊的確不宜，這時可以由你自己再講一遍，然後詢問對方你方才複誦的內容是否正確，尤其是數字資料一定要再次確認無誤。譬如：「王先生，我再確認一次，這次交易的金額是……，對嗎？」或者，你也可以客氣但直接的說：「王先生，為了安全起見，可否請你說一下我們剛剛討論的資料，我來核對一下。」提醒你，除了口頭核對，重要的資料（如地址、數量）則可以再Email、傳訊息或傳真確認。

Q 在辦公室時私人手機響了，可以接聽嗎？需不需要調整成靜音或關機？

人手一機的情形愈來愈普遍，手機就像是「你這個人」的延伸，當你的手機干擾別人，往往等同於「你本人」造成他人的困擾！因此上班時務必將私人手機轉震動，等到休息時間再確認有無重要事情。因為在公司一直接私人手機是非常不禮貌的事，老闆也會以此來評論你敬業的態度與工作績效。

業務人員為了聯絡客戶可能隨時開機，也要養成進入安靜空間時，將手機鈴聲調小聲的習慣。試想高鐵末班車廂內，大家都在休息，突然間你的手機鈴聲大作，更把整個車廂的人全都驚醒了，你也會很尷尬吧。

Q 開會的時候，可以把手機放在桌上嗎？

在會議場合，經常可以看到大家一坐下來，紛紛把手機從包包或口袋拿出來放在桌上。

其實這樣的動作，無異是在宣告「我在等其他電話／訊息到來」，試想：如果眼前的對方是世界上最重要的、你最期待的、最尊重的人，你專注在他身上都來不及了，怎麼還會心有旁鶩呢？雖然你將手機放桌上，可能不一定是為了要看手機（像很多男士平時把手機放在口袋，坐下時就會不舒服），然而不論是否有意要注意手機，當手機螢幕不時亮起、跳出通知，甚至發出聲響，不僅讓人分心，也造成溝通的阻礙。比較好的做法是：如果非得把手機放在桌面，記得把手機正面朝下擺放。

Q 手機有插撥，要如何處理，才會讓原本線上正在講的人以及插撥進來的人，都沒有被冷落的感覺？

◆ 如果正在進行的這通電話真的很重要，請不要管插撥——如果插撥是重要的電話，相信對方還是會再打回來的。

◆ 如果插撥的聲音很煩人，可以告訴對方自己需要先接一下插撥，會馬上回來，請他不要掛斷，但是切記一定要真的馬上就回來；如果是對方打來的電話，最好由你稍後回電，不要讓對方在電話線上等候。

◆ 接插撥電話時，語氣要平和，不要讓他覺得自己打插撥是做錯事，因為他是無辜的。知道對方是誰之後，告訴他這是插撥，可否回電或請他稍候再打來，視情形而定。解決完插撥的電話後，請馬上回來原通電話並致歉。

◆ 若插撥進來的是急事，請馬上告知原來正在講的那個人，並給予簡單的解釋，承諾會再回電給他。

◆ 若你正在等電話，而其他電話先打進來的時候，接起電話時請先告訴對方待會兒會有個插撥進來，好讓對方有心理準備待會兒談話可能會中斷。

Q 如何使用語音信箱留言？

留言時，不要假設對方一定會知道你是誰，無論你與對方多熟識，永遠記得自報家門——先說自己的姓名、公司，再說打電話的事由，並且簡潔、說重點。如需對方回電，請留下回電的最佳時間與自己的電話號碼，電話號碼在最後講，並且重複一次，以方便對方的記憶與記錄。

另外，因為即時通訊軟體的普遍，現在的人愈來愈不常去確認語音信箱留言。因此，不要預設你留言了，對方一定會即時聽到；建議你重要的留言可以再傳訊息提醒，如「我有在您的手機留言，再麻煩您聽一下」。

Try it

練習你的「電話語調」。如果你的聲音很低沈，透過電話後讓聽的人倍感嚴肅，不妨稍微提高一個音階，會讓電話那頭聽得更親切。相反地，尖細型的聲音很容易感覺輕飄，不妨練習降低一個音階的說話方式，可以有效增加專業說服力。

Perfect Image 觀點 寫好你的每一封訊息

網路時代，少了面對面的接觸，人與人之間只剩下文字與圖像，因此線上的形象就是你的形象，你的每一封信、每一則訊息，都是你的簽名。

此外謹記：你所發過的Email或訊息，正像你走過的足跡，它固然可以是自我保護的證據，但同時也容易被有心人士利用，而網際網路的便利，又使危機發生時，更加難以控制擴散程度。

用網路互動，到底有什麼需要注意的？

其實網路禮儀的概念非常簡單：現實生活中怎麼做，在網路上就怎麼做，謹言慎行，體貼良善，就能展現專業，同時又不失親切，而這一切的出發點，就從如何把每一封訊息寫好開始。

Q 使用行動通訊軟體傳送即時訊息，應注意哪些禮儀？

使用Facebook、Line、WhatsApp、WeChat、Instagram、Twitter、Snapchat等通訊軟體傳遞即時訊息時，這些地雷需要避免：

◆ **在半夜或清晨傳訊息**
　　不論訊息內容多重要、多有益、多值得分享，當傳送的時間不對，原有的價值就被抹消。一般而言商務訊息的時間，即等於上班時間，如果真的必須在晚上聯絡事情，也不宜晚於晚上十點。

◆ **聲音訊息冗長無重點**
　　大部分人採用聲音訊息的原因，除了因為打字不方便之外，就是要表達的太多，乾脆用講的比較快，但卻往往因「講不清楚」，讓雙方的溝通更沒有效率。為了讓訊息清楚傳遞，不妨將聲音訊息視同三十至九十秒的簡報，慎重以待：除了傳訊息前先確保不被背景環境音干擾，更要在心中擬好訊息的結構，簡潔扼要、列點式說明；千萬不要在訊息中支支吾吾、嗯喔啊等口語贅字連發，而讓你的專業與溝通打了折扣。

◆ **一個訊息分好幾次傳**
　　一個訊息分好幾次傳送，除了干擾對方也浪費時間，不夠專業體貼，也容易造成資訊的誤讀。建議你寫重要訊息時，可以另開一個視窗（如手機裡的記事本），先把訊息編輯好，包括邏輯列點清楚、無錯字贅字等，再貼到通訊軟體裡，傳送給對方。

◆ **在群組中開啟一對一對話**
　　若有加入行動通訊軟體的群組時，請勿與單人進行單獨對話，無視其他人存在。

◆ **重要訊息已讀不回**
　　另外，有損人際關係的地雷之一就是「已讀不回」。如果是重要訊息卻已讀不回，勢必會讓傳訊息的人左等右等，甚至產生不必要的

揣測與誤解。如果真的需要暫離，你可以這麼說：「我需要先去忙了，你盡量留訊息沒有關係，我等一下再回來看」，養成先說一聲的好習慣，讓對方不用等你或擔心、揣測，也是一種體貼。

◆ **任意退出群組**

一聲不響地直接退出群組，就如同不告而別。退出群組之前，你可以簡單真摯地以文字表達感謝，例如：「很開心這段時間能在群組內跟大家交流，我因為個人因素需要暫離，再次謝謝各位，也祝福大家順心」。而此時群組裡的主導人也別默不作聲，可以在群組中感謝離開的人，例如「謝謝XX這段時間默默的支持，希望很快有機會再聚」或者私下傳訊表達謝意皆可。

Q 想加入同事、客戶的個人社群軟體時，怎麼問比較好？

「可以跟您加個line嗎？」當你遇到別人這樣問，即使心裡不願意，是不是也不太好意思拒絕？

畢竟，每個人的工作習慣、對公私界線的認定都不同，而加入通訊軟體好友，某種程度上，意味著提供一張能直接與自己對話的「通行證」。當你這麼問，即使對方與你交情尚淺，或是並不喜歡用通訊軟體聯繫事情，卻會因為尷尬、因為不想直接拒絕，只好勉強加入好友，然而這對雙方的關係並沒有益處。

為了不讓對方陷入這樣的兩難，更好的問法是：「您希望我之後用什麼方式聯繫您？」把選擇權留給對方，由對方來決定要用什麼方式與你保持聯繫。

Q 每一封訊息都一定要「秒讀秒回」嗎？

線上一對一的訊息，其實和現實生活中的「一對一交談」沒什麼不同。

例如，老闆傳訊息給你時，就如同他走到你辦公室跟你說話，期待你會有回應；你的已讀，代表你已經聽到他的話了，而若是你沒有回答，他勢必會覺得不受尊重，或覺得你並未專注在公事上。客戶傳訊息給你，就很像是他打電話過來，你已讀了，就等於接了電話，不回，等同於接了電話卻默不出聲。另一半傳訊息給你，等同於張開雙臂給你一個擁抱，你已讀了，就代表你知道他抱過來了，但不回，就像是對他的熱情冷漠以對。

面對與生命中重要人物的一對一交談，如果已讀了（不管是真的讀了，還是不小心按到）而無法立即回覆時，建議你告訴他你的狀況，例如：「我在外面，回公司後給您回覆喔！」「現在正在忙，等會仔細看完再回你」，讓對方放下懸著的一顆心。

而如果不是對話，而是純粹資訊提供，如分享文章、影片，這類訊息的確是不需要你秒讀秒回，傳送者也不期待你秒讀秒回，不過如果他是你重視的對象，或你覺得此資訊對你有幫助，不妨依自己方便的頻率，回個貼圖或訊息謝謝對方；即使他每傳三封訊息，你只回個一封，也總比完全不回來得好。

Q **沒有辦法立刻回覆訊息，該如何處理？**

如果你希望自己即使已讀不回／慢回，對方也不至於過於焦慮，最有效率的方式就是「預設期待」。

我的一位身兼頂尖業務和兩位國小孩子母親的朋友，就深感「預設期待」對她的生活多麼有幫助。因為她的生活節奏非常緊湊，因此，在跟任何新客戶交換Line時，她一定會事先說明，來設定對的期待。

說明內容大概是這樣的：「我有時候因為忙碌或開會，無法隨時隨地留意訊息，但每天早上七點、下午一點和晚上十點固定會查看手機，如果您傳訊息來，我沒有立刻回覆，最多一天內一定會回應。所以若有緊急事件，請務必直接打電話給我喔！」

我的另一個朋友，則是直接在Line的狀態上標示「每天晚上九～十點處理訊息」，他的朋友圈都知道傳訊給他不必期待秒回，也自然不會埋怨他慢回了。

Q 很在意對方「已讀不回」，該如何處理？

對現代人忙碌的情形而言，就算點開了訊息，也不一定有時間、有心思真的「讀」進去；也就是「顯示已讀」，並不保證「真的已讀」。因此，看到「已讀」，不要預設對方是不在意你、或故意不回，很有可能只是正在忙，或還需要思考如何回應。

如果聯繫的是重要事項，務必再傳訊息或打電話確認。例如傳訊息請示主管事情，主管已讀但沒回覆，這種時候可別視同主管已經同意了，而要傳訊息（如「剛傳訊息，您可能在忙，想跟您確認……」）或過一段時間後再打電話聯繫，得到確切答案才算完成。

Q 使用Email收發郵件應注意哪些禮節？

雖然隨著通訊軟體的普及，愈來愈多職場工作者習慣用通訊軟體來溝通公事，但Email仍然是商務溝通的主流，尤其在國際場合，更是如此。以下就是撰寫商務Email的禮儀，供您參考：

撰寫：

◆ **在主旨就闡明主題！**

◆ **內文務求「易讀」**。易讀包含內容與排版：內容建議用列點或分段落的方式；而字體、排版則以清楚簡單為上，勿用太多花俏的字型或色彩，一般色彩以兩種為限（如本文黑色，須強調處藍色）

◆ **寄出前，一定要再度檢查**。

　1. 錯字——儘管電腦有校對功能，仍可能出現錯字。

　2. 附件是否正確——若有附件，也務必確認正確性，且檔名已修正成對方容易判讀的檔名；像「未命名.jpg」這種檔名，是不應出現在專業的Email中的。

　3. 換位思考——如果你是對方，這封信讀起來的感受如何？專業度如何？當中是否有帶不宜的情緒？是否整封信都在說「我」？

◆ **永遠最後再填入收件人信箱**。這個動作可以有效避免信件未完成就按到送出。如果是從通訊錄中選取，一定要檢查收件人是否選對了！

◆ **雙方之間的第一封信，務必加上簽名檔**。此簽名檔需要清楚明瞭，包含姓名、單位、職稱、電話、Email Address、公司網址等客戶必須知道的訊息，並且在視覺上排列舒適、一目瞭然，最好不超過四行。

◆ **專業的帳號**。公務郵件，請使用公司網域的Email，如果你在專業場合需要使用個人的信箱（如自由接案者），請選擇一個能看出你姓名，並傳遞專業感的帳號名稱，千萬要避免如yuki_girl、sweetie這類看起來較不正式的帳號。

收信／回覆：

◆ **商務場合，即時回信是好習慣**。即使暫時沒有答案，也可以回信「收到，待討論後再回覆答案」。如果收到顯然是寄錯的信，也不妨回覆：「我想這封信可能發錯了，想通知您一聲以免耽誤了事情。」，對方會很感激你的貼心。

◆ **不要濫用「回覆所有人」**。過多的郵件只會帶來困擾，只回覆給需要知道這件事的人就好了。

◆ **不要濫用轉寄**。未經允許，勿逕自將他人的私人信函轉寄給其他人。

Q 寫商務信函要注意哪些事情？

在網路通訊發達的今日，撰寫商務信函已經變成一種「古典」的行為了。不過，正是因為撰寫商務信函所花的工夫比較多，所以才更顯出寫者的誠意與風格，並更引起收信者的重視。一般而言，親手撰寫的信函請使用黑色或深藍色的筆來寫；如果你沒有把握寫得工整、或者覺得自己的字不夠漂亮，還是用電腦打字比較好，但是在簽名的地方仍是要保留親筆簽名，才能顯示你對對方的尊重。另外，請注意商務信函的撰寫格式、信封與信箋的使用，因為它們都代表著公司、部門與你本人的專業形象與品味。

Try it

檢查你的門面。對於自己習慣使用的Email、Line、Facebook等溝通工具，需特別注意自己的線上門面；建議你工作上使用的通訊軟體大頭照，務必使用經過精挑細選的專業照片，設定暱稱時也要注意，不論是用公司名、中文全名或英文名字，都要以「一眼就能看出是誰」為原則。

至於狀態欄位，如果你想寫點東西，那就寫正向積極的話語吧，而非負面情緒或工作的現況。畢竟你的隻字片語，都是思考跟狀態的延伸，它不僅代表了自己此時此刻的狀況，甚至可能暴露公司未必適合公開的動態，這無論對個人或是公司的形象都是不好的。

Chapter 8

服務禮儀

品牌符號學

注重細節贏得先機

Making a Positive Impression

服務為行銷之本，
在新一代的行銷戰術裏，
只有尊重的服務、禮貌的服務、貼心的服務，
才是專業成功的行銷新戰術。
因此，讓每個企業的服務精神包含：
良好的溝通藝術、
熱誠的服務精神、
以及高度的幽默能力吧！

Perfect Image 觀點

用心建立客戶的終身價值

隨著「品牌」觀念的發展，最近幾年行銷界關注的焦點，除了傳統行銷學所提到的「Market Share」（市場佔有率）之外，新興的「Mind Share」（消費者心理佔有率）觀念，也深受矚目。什麼是「Mind Share」？簡單舉個例子，假設你現在需要買一瓶香水，腦袋裡最先想起哪個品牌？市面上有那麼多品牌的香水，為什麼你會鍾情這個品牌？沒錯，正是因為這個品牌運用了一些方法，透過商品本身、包裝、服務及企業形象，成功地攻佔了你的「心」！

身為一位行銷、業務人員，不知道你是否曾經思考過：當客戶需要專業領域的商品或服務時，他們第一個想到的會是「你的公司」或是「你」嗎？在眾多同行的競爭對手中，「你的公司」或「你」在客戶心中排名第幾？你是否成功攻佔客戶的心？如果你能在客戶心中建立自己的終身價值，就能掌握客戶對你的「Mind Share」。而務實的做法之於公司，可以藉由加強宣揚公司的企業文化精神、建立企業品牌形象、提昇公司產品品質與價值、強化公司服務品質等項目。在個人方面，除了提升個人專業智識與專業形象外，可以強化和客戶間的相處藝術、在專業溝通中融入得體合宜的應對進退，以及創造每一次和客戶間的愉快氛圍等方式，為自己增加在客戶心中的佔有率與終身品牌價值。

Q&A

Business Manners

Q 和客戶溝通的恰當時機是何時？

我形象管理學院的【口語表達】課程老師劉文英博士常說：溝通不在於「講話」，而是「對話」。既然是雙方互動的「對話」，就要站在對方的角度去思考他「想聽」什麼、判斷他「能聽」什麼？所謂的「能聽」，不只是對方有沒有專業素養能聽得懂你講的內容，也是精神體力上，有沒有能力聽你講？如此一來，才有可能展開一場優質的溝通。

對待客戶也是一樣，要和客戶做好優質溝通，就要選擇他「想聽」、「能聽」的。一般而言，客戶「想聽」你的產品對他的好處是什麼？而不是你產品的好處是什麼。至於「能聽」，請依客戶的知識背景做必要的措辭調整，最好能調整到客戶覺得「簡單卻有學問」。另外，請特別注意到劉文英博士強調的「有沒有精神體力聽你講」的問題，我有一位朋友跟我分享：他剛當業務的時候，去拜訪客戶每次都不成功；他的主管覺得很奇怪，因為他是這麼認真準備所有的資料，怎麼沒有一次成功？於是主管陪著他去拜訪，等到拜訪完以後，他告訴我的朋友：「你準備得很認真，說得很用力，但是客戶卻在忙他的事，沒有專心聽呢！」所以，一個好的溝通時間點，一定是雙方都願意彼此「對話」時，才可能有真正「溝通」的產生。

Q 商務約會多久以前到達是最適合的？

如果你知道對方有會客室或等候室，可以提前五分鐘到十分鐘左右到達；如果沒有會客室或等候室，太早到達其實是不妥當的，頂多三至五分鐘前到達即可。我們常碰到這種情形，早到的客人告訴你：「我在這裡等沒有關係，你忙……」。其實，這樣無形中會給主人帶來壓力，更何況有些時候場地、文件尚未準備齊全，主人也因此更感覺倉皇。建議你：如果到得太早，先找間咖啡廳坐一下；或者你可以先打電話詢問對方，約會是否可以提前？再不然就是先在門外等一下，時間到了再進去。

Q 商務拜訪的過程中，對方專心晤談的時間其實很短，不是頻頻接電話，就是有人進來報告事情……等。該如何避免這樣的情況一再發生？

如果是重要的晤談，建議你寧可把主控權握在自己手中，譬如約在自己辦公室或外面的餐廳。畢竟你需要的是對方專心的十分鐘，而不是心有旁騖的六十分鐘。至於你自己，可以交代秘書這段時間不接電話，或是到不受干擾的會議室開會。如果事先知道中間會有重要事件插進來，請先告知訪客並致歉。請記住，每個人的時間都是同樣的寶貴。

Q 客戶喜歡找我喝酒應酬，我一定要參加嗎？

雖然東方人的社交習性少不了「酒」的陪伴，但是喝酒應酬卻不能保證能培養你與客戶之間的感情，除非你能在此應酬場合中表現得宜，賓主盡歡。建議每一位職場工作者都應該先客觀了解自己的「酒性」與「酒品」，萬一這不是你的強項或喜好，只要蜻蜓點水即可，千萬不要每叫必到、每到必醉、每醉必失禮，反而破壞了你在客戶心中的專業定位，若是因此被當成「酒咖」或「玩咖」，就得不償失了。「酒性」或「酒品」不佳的人，可以以「等一下要開車」或是「身體對酒過敏」等禮貌性理由以茶或果汁代酒；並且由於無法常常跟客戶應酬，更應該加強自己的專業與服務能力，與客戶保持良好長久的商務關係而非應酬關係。

Q 幽默的人總是受歡迎，但是要如何培養幽默感？

幽默，是一種跨文化的語言！在人際交往的溝通中，如果能夠常帶幽默，勢必容易讓對方產生好感；因為有幽默感的人，會讓別人覺得他充滿善意，進而喜歡接近他，是最棒的人格特質之一。至於如何培養自己的幽默感？

◆ **幽默是正向思考。**有幽默感的人，一定要具備一個樂觀、積極的生活態度，與正面思考的能力，才能將許多的人生智慧化為幽默的語言，給人「會心一笑」的開心之餘，還會在生活上、工作上帶來激勵與活力。

◆ **幽默是自我解嘲**。最好的幽默方式是取笑自己，因為開自己的玩笑很簡單，開別人的玩笑卻要冒很大的風險，畢竟我們不清楚對方接受玩笑的底限在哪裡，一旦超出底限、影響雙方情誼就不好了。而願意自娛娛人的人不一樣，通常自娛的主題容易引起大家的共鳴，引來熱烈回響，還能縮短彼此的人際距離，製造美好的印象呢！

◆ **幽默要適時適地**。發揮幽默要合乎主題，並且在適合的地點與時間表現，才能產生正面、快樂的氣氛。

◆ **幽默要合情合理**。並不是所有的幽默都能讓人買單，舉凡種族、性別、性暗示、政治或宗教、生死觀等議題的幽默最好避免，以免製造不必要的紛爭。

Try it

建立你的客戶資料！詳細將你的客戶做好資料建檔，並且細心加上註解，例如跟客戶接觸時，你觀察到對方的個性、嗜好、家庭、重視的問題有哪些、以及他所喜歡的產品等；越詳細越能幫你與客戶建立良好的溝通與關係。

品牌符號 肢體表達的藝術禮儀

Perfect Image 觀點　清楚表達優質溝通

我很喜歡羅丹（Auguste Rodin）的雕塑作品：「沉思者」。「沉思者」之所以動人心弦是因為他不只是用頭腦在沈思，而是從臉上的五官、手的肌肉、背脊、大腿、小腿與腳趾，他用全身的每一吋肌肉與細胞在沈思。而一位說話有影響力的人也是這樣的，他不只用嘴巴說話，更是用全身做全然的溝通！

Q&A

Business Manners

Q 如何讓肢體動作為服務或銷售加分？

適當的肢體動作不但可以幫助對方記憶，並且可以輔佐或強化我們說話的內容，進而促使對方做出你所期望的行動或決定。例如當一位銷售人員口若懸河闡述產品優勢的時候，身體的姿態卻是老神在在的兩手抱胸、靠在椅背上、目光不看客人，試想客人的感受會如何？此時客人的直覺會告訴自己：此銷售人員說的不是真的，他對自己的產品也毫無熱誠可言。但是若銷售人員改變肢體動作，將兩手攤開輔助說明、身體向前傾、加上熱誠的笑容和誠摯的眼神，即使不善言詞的銷售人員，也會因為上述的動作，讓客戶感受到產品的好與其對產品的信心與熱誠。

以下是能增加服務熱誠的肢體動作：

◆ **親切的笑容**。實驗顯示：當我們笑的時候，對方也會回笑給我們；當我們哭喪著臉的時候，對方也同樣喪氣的回看著我們；因此笑容很重要，而且笑的時候也能鬆綁緊張的氣氛。想要有親切的笑容，你可以對著鏡子，試著露出十六顆牙齒微笑，並以露出十六顆牙齒微笑的嘴型說話，你會發現自己整個人神采明亮、令人賞心悅目。

◆ **誠摯的眼神接觸**。眼神的接觸是心靈最直接的溝通。眼睛不會說謊，講話或聽話時看著對方的眼睛，除了增加對方對你的信任感，還能讓你聽得更清楚、更深入對方話語可能沒有透露出來的隱藏訊息，增加彼此互動的熱誠。不過，眼神接觸並不是要你一直盯著別人的眼睛看，這樣反而會帶來「緊迫盯人」的壓迫感；如能保持雙方百分之六十到八十的眼光接觸時間，就能在彼此感受到真誠之下，避免產生無形的壓力。

◆ **鬆開眉頭**。皺眉通常代表煩惱、緊張、擔憂、苦思，所以跟眉頭深鎖的人說話，實在很難快樂起來。可是請記得：大部分的成交都在愉悅的氣氛中水到渠成，所以請鬆展眉頭、面帶笑容，製造愉快的互動氣氛。

◆ **點頭頷首**。溝通時適時點頭頷首，有同意對方、也同意自己產品的意味，如此的正面動作通常對客戶會有正面的感染力。

◆ **調整說話速度與客戶一致**。許多銷售高手也都是「調頻高手」，他們能在短時間內將話題調到客戶的興趣，也會將說話的口氣與速度調到與客戶類似。調整說話速度與客戶一致有「物以類聚」的功效，能夠在短時間內打破與客戶間的距離。

Q 如何做一個好的服務或銷售簡報？

首先，請注意服務或銷售簡報目的是為了「溝通」，而不是「報告」，所以千萬不要為了簡報而簡報，更沒有必要一定要講完簡報的每一頁，反而你更需要密切觀察的是客戶的反應，並依其反應做出必要的調整。

所謂客戶的反應如：客戶在聽簡報時是否有皺眉、換姿勢、看錶、搖頭、頭偏一邊做思考狀、將手支在下巴處、嘴角向上或向旁牽引等表情動作？這些小動作都可能代表著他思考或心境的轉換，此時若你能暫時停下來，關心客戶反應或詢問他是否了解，將有助於雙方的後續溝通。除此，也請注意以下三點：

◆ **簡報的文字要精簡**。一篇好的簡報絕對不能在簡報上面寫得密密麻麻，這樣對方才會眼睛「看」你、耳朵「聽」你，達到最大的溝通效益；如果將所有文字都寫在簡報上，客戶會傾向直接看文字，反而不會跟你有「看」你與「聽」你的直接交流與溝通了。

◆ **簡報的視覺品質要好**。一個好的簡報，在視覺上一定要舒服，不悅眼的設計會讓對方在潛意識上降低貴公司產品的品質。

◆ **對簡報內容要熟悉**。很多新的業務人員因為對簡報內容不熟悉，或者因為與客戶目光接觸緊張，而一直看著簡報講話。其實今天你要簡報的對象是客戶，而不是你的簡報。失去和客戶目光接觸的同時，也就失去客戶對你產品的興致，更失去客戶的心。

Perfect Image 觀點

服務品質在於
提高別人對你的信任

服務最重要的就是保持「熱誠」。熱
誠的服務禮儀並非要把自己的情緒提
得很High，而是透過細膩的觀察、適
時適地扮演好你的角色。不管對方是
否處在情緒低落的狀態，只要你能展
現對公司、產品的信心和熱情，並且
以誠意、耐心的態度關心客戶需求，
就能提供令人舒服而印象深刻的互
動，讓對方感受你的誠信與活力，這
樣才是「熱誠」的服務精神。

Q 服務可以套公式嗎？

我的好友，也是華人界談判專家劉必榮博士，曾經跟我分享他的經驗，他說：他教學數十年，卻從來不感覺到疲累，因為每一場演講與教學，儘管題目主題可能相同，可是他都會重新歸零，將之當成是一場全新的演出，並且所有的簡報都要重新看過，並做必要的調整。

的確，一個有生命的服務就如一場精闢的演講，公司給的訓練或簡報都只是骨幹，你需要依照不同的人、事、時、地、物做調整使其完備。一位好的業務或服務人員，務必視每一場和客戶的會面都是第一次、並且是唯一一次的會面，並在會面之前做必要的心緒準備。

我有一位學生，是多齣連續劇的形象化妝師，她告訴我她的觀察：專業的資深演員，下午一點的戲，他們通常早上十點就來現場整理服裝、上妝，並安靜調整自己的情緒，且不隨便跟人開口聊天。而一些年輕的演員，卻在十二點鐘才到，並且一邊化妝一邊聊天；等到正式演出時，資深

演員往往一次就入戲，年輕演員卻頻頻NG。同樣都是演戲，但是你有沒有根據細微的部份做微調，包括內容與自己心緒的調整，象徵你對自己專業工作的準備程度。因此，準備做好服務的人，或許可以從公司學習到服務的基本精神，然而面對每天不同的服務對象，仍要秉持嚴謹而認真的態度看待每一次的服務，才是真正瞭解服務精神的真諦！

Q 一般櫃檯服務人員的禮儀注意事宜？

站在第一線的櫃檯服務人員，代表公司的正式門面，因此在服務禮儀訓練上，一定要特別戒慎。以下是我對一般企業的櫃檯服務人員所列出的十二項檢測，你或你的公司可以依此做調整：

檢測1. 全然專注
隨時自問：是否做到熱情服務客戶、誠信關懷客戶？與客戶相處時，是否能百分之百專注在客戶身上？

檢測2. 專業的外表
確認自己任何時候的服裝都很專業，包括髮型、彩妝、首飾、鞋子、上班包與其餘配飾都得體。

檢測3. 維持環境整潔

確認桌面乾淨、整齊、無雜物、擺設有秩序，隨手可
以拿到客戶服務所需文件與物品；並了解桌面整齊是
個人與公司重要的形象指標。

檢測4. 親切打招呼

能親切、主動跟客戶打招呼，不管對方的身分、地
位、年齡為何，都能以親切的態度說：先生／小姐您
好（早安），有什麼我可以幫忙您的嗎？

檢測5. 面帶微笑

隨時面帶微笑，以積極愉悅的態度面對客戶，即使在
自身心情低落，或是客戶眉頭深鎖的時候。

檢測6. 從容自信

態度從容的幫忙客戶處理問題，不因外來因素（如電
話、一時間的忙碌……）而變得忙亂，影響客戶服務
品質。

檢測7. 禮貌耐心

在任何狀況都很有禮貌：禮貌回答客戶問題，用雙手
傳遞文件給客戶，並常說「請、謝謝」，客戶的行為
與抱怨都不會影響到真心禮貌服務客戶的原則。例
如：「先生，這是您需要的文件，請您參考」，「先
生，謝謝您反應這個問題，我會跟公司呈報」。

檢測8. 傾聽客戶

真心傾聽客戶表達。當客戶講話的時候，能全神灌注在他的身上，並主動依其需求提供資訊、為其選擇適合的商品。

檢測9. 愉悅接聽電話

總是以微笑愉悅的聲音接聽電話，以正確的開場白說「××部門您好，敝姓林，很高興為您服務」，並進而幫助客戶。

檢測10. 關手機

應對客戶時記得關手機，且不和同事聊天，全然的重視客戶並專注在客戶身上。

檢測11. 讚美祝福客戶

樂於讚美客戶、祝福客戶，並行之於言。並了解批評或取笑客戶的行為、外表、說話，是不應該的行為，會為公司帶來無可彌補的壞形象。

檢測12. 有始有終

熱情的服務有始有終，服務結束時，能跟客戶致謝「先生，手續我都為您辦好了，這是您的資料，如有任何問題，請不要客氣，跟我撥個電話，這裡是我的電話。謝謝您，再見囉！」話畢，至少跟客戶有兩秒鐘的目光接觸。

Q 服務或銷售人員拜訪客戶時的注意事宜？

服務或銷售人員外出拜訪客戶的形象，也代表公司的形象。當服務或銷售人員態度不佳時，客戶的反應是「××公司的服務不好」，而不是「××公司的×××（服務員名字）服務不好」。所以公司要確保服務或銷售人員的服務品質，不要有任何失禮或不專業的表現。以下是我對一般服務或銷售人員外訪時所列出的檢測項目，你或你的公司可以依此做調整：

檢測1. 充分的準備
確認所有的文件皆已準備齊全。

檢測2. 專業的外表
確認自己的服裝外表很專業，包括：合身的西裝或套裝、整齊的髮型、乾淨的鞋子與公事包等；而女士則要進一步確認彩妝、首飾是否搭配合宜不誇張。

檢測3. 養成守時的習慣
跟客戶約好時間絕不遲到，也不貿然提早到達；萬一遲到請提前通知客戶，而早到也要透過電話詢問客戶是否方便提早約會。

檢測4. 從容自信的態度

從容的幫忙客戶處理問題，不因外來因素（如電話、一時間的忙碌……）而變得忙亂，影響客戶服務品質。遇有客訴，能禮貌真誠傾聽客戶抱怨，認同客戶感受，並即時為其做適度處理。

檢測5. 全然專注的服務

與客戶相處時，請百分之百專注在客戶身上，並且隨時面帶微笑；即使自己心情低落，或是看見客戶眉頭深鎖，也應以愉悅正面的態度面對客戶，不可受情緒影響。

檢測6. 禮貌應對

與客戶相處時應保持真心誠意、禮貌應對，例如回答客戶問題要有禮貌、常說「請、謝謝」等用語、遞交文件給客戶請用雙手、聽客戶抱怨時保持耐心等。

檢測7. 真心傾聽

真心傾聽客戶。當客戶講話的時候，能全神貫注在他的身上，並主動提供必要服務。

檢測8. 手機關機

不讓外務影響到客戶服務品質。

檢測9. 謹守當客人的禮貌

請遵守「非禮勿看、非禮勿聽、非禮勿說」的作客禮儀：不對客戶的住所、辦公室東張西望，不對客戶的家人及同事隨意批評，若聽見客戶講電話或談公事請先迴避。此外，當客戶為你倒飲料、茶水時，請一定要淺嚐再離開。

檢測10. 感謝與確認

拜訪畢，感謝客戶的時間，並在離開前為服務事宜做最後的確認。

Try it

服務高手的二項修練：

1. **將服務當成人生最棒的接觸體驗**。在服務順利時，記錄成功的經驗法則，作為下一次服務的基本準則；服務不順利時，請將特殊的、難以解決的案子請教你的主管，為什麼客戶會不滿意？怎麼說或怎麼做會比較好？找出最好的解決方案，讓每一次的挑戰當成滋養實力的機會。

2. **將服務擴展至你的人生**。為你的家人、同事、朋友，甚至自己做服務，建立和諧互動的關係。想想看，你可以為他們、為自己做哪些服務？將項目寫下來，一一完成吧！

Chapter 9

兩性禮儀

品牌符號學

尊重彼此互信互諒

"Bilingual" Communications

男人和女人天生雖不同，
卻能在相異的天秤裡，找到圓融相處的平衡點。
男人和女人追求雖不同，
卻能在互相的關懷、體諒、欣賞裡，
發現異中求同的驚喜時刻。
兩性禮儀的真諦，存在彼此的尊重與包容，
因為有你，有你，才能創造兩性世界的精彩話題。

彼此尊重的兩性禮儀

Perfect Image 觀點　讓異性朋友很舒服地跟你相處

當男女的界線越變越模糊時，你是否會有「該如何拿捏跟他／她相處」的困擾？我想強調一個觀念：時代雖然改變了，但是改變的是大家在新時代的地位與自處方式，而不是一個人的本質。即使社會再怎麼變化，女人還是可以美麗優雅、從容自信；男人還是可以魅力紳士、穩重瀟灑。無論我們扮演的角色為何，在清楚知道自己的角色扮演之後，禮儀的拿捏便會恰到好處，個人智慧自然就能展現在舉手投足之間。

Q&A

Business Manners

Q 如何避免職場性騷擾？

當來自不同環境和文化的人相聚在一個職場工作時，很容易因為每個人對彼此私密與親密的認知尺度不同，產生不一樣的解讀；輕者可能認為你只是開玩笑，他也一笑置之；重者卻可能認定你侵犯他的生理或心理，對你提出嚴重抗議，也就是大家常說的「職場性騷擾」。因此為了避免誤會發生，請遵守以下職場禮儀：

◆ **肢體碰觸**
肢體碰觸所造成的性騷擾，有時候不在於「能不能碰觸」，而在「碰觸的方式」。例如「拍」肩膀和「摸」肩膀的差別、「拍」頭和「撫」頭的不同等。另外「碰觸的部位」也要注意：建議手背、小手臂以外，裸露的地方都不要碰，像是脖子、大手臂、大腿、頭髮等，以免造成不必要的誤會。

◆ **開身體的玩笑**
千萬不要拿別人的身體部位開玩笑，例如：女性的胸部、腰部；男人的肌肉、臀部等。除了不尊重對方外，還會傷害別人的自尊心。

◆ **眼神**
不管是同性或異性，看視對方的眼神非常重要。談事情時，只能注視對方的眼睛，若看到對方嘴巴以下的位置就很不禮貌了。

◆ **稱讚**

稱讚對方時，請以對方具體的優點為主，例如：你今天的圍巾好漂亮、你的新髮型真時髦、你剛才的簡報真是太精彩了等。避免針對身材或帶有「性意識」的讚美，例如：你今天好性感、你的身材好壯、你剛才說話的聲音真迷人等，以免引起不必要的聯想。

◆ **語言**

有些人有意無意在職場上講黃色笑話，或是炫耀自己有關性方面的能力，其實不管你只是抱持著開玩笑的態度或是無意識的說出，都可能造成聽者的不舒服。所以，除非你確認對方不在意，否則最好避免。

只要掌握以上通則，你就能在兩性的工作職場上保有美好的名聲。

Q 有位年長的男同事，每次只要和一群女同事出去聚餐，都會搶著付帳，這種情況應該如何應對？

在講究「性別平等」的商業場合中，用餐時不分年齡、性別、職位，都應該各付各的，除非事先知道這是某人的邀約。你們可以請某位女同事做代表，下次出去吃飯前先和這位男同事做溝通，或者吃飯前找個適當的時機聲明等會兒「各付各的」。

Q 我該怎麼婉拒同事的追求？

和同事之間的感情問題宜謹慎、智慧地處理。如果和對方不來電，最好在雙方未有任何進展前先行表態。許多人喜歡以「和同事交往不方便」為理由拒絕對方，但是這不是明智的做法，萬一將來你和其他同事約會，豈不是更傷害對方嗎？建議你可以有意無意地讓他感覺到你正在和別人交往，像聊天時不著痕跡的說：「我昨天和男朋友（女朋友）去逛街的時候，遇到一個朋友⋯⋯」之類的話。

Q 碰到對女性非常尊重的「紳士型」客戶，要如何應對才不會喪失自己的專業權威感？

我想這類型的男士可能是從小受家庭教育的影響，讓他成為一位Gentleman，對女性彬彬有禮已成為他的習慣，很難再改變了。倒是建議你，大方接受他的禮遇吧！只要在工作態度與工作內容上表現專業俐落，你的專業表現並不會因為男士為你服務而打折扣，客戶也不會認為接受禮遇的你因此不專業。若是你一直拒絕對方的禮遇，很容易讓對方誤以為你是個不通情理的人，破壞彼此的和諧，反而會對你的整體形象帶來負面影響。

Q 擁擠的場合，如何掌握和陌生異性近距離的接觸？

只要眼神不直接接觸，或身體腰部以下的部位不直接相對，就能在近距離的情況之下也「保持距離」。

Q 攜帶伴侶參加我的公司活動，該怎麼介紹才不會失禮？

許多公司，特別是有外商公司，在節慶或特殊日子舉辦公司派對時，常特別註明「攜伴參加」（Bring Your Siganificant Other）。此時若你攜帶配偶，則可介紹「這是我太太／先生×××」；若是男女朋友則可以說「這是我女朋友／男朋友×××」；若是同居人，在風氣開放的國家有時會補充「我們住在一起」，不過在國內則建議只介紹「這是我女朋友／男朋友×××」即可。畢竟國內對同居的價值觀尚處於灰色地帶，每個人對同居的接受度不一樣。

不管與配偶、男女朋友還是同居人，當出席伴侶的工作場所，帶給同事們的觀感將對另一半的職場人際關係產生加分的「附加價值」或扣分的效應，所以前往伴侶的辦公室或社交場合，記得多花點心思在適當的裝扮和禮儀上，伴侶一定會覺得貼心且面子十足。另外千萬不要在伴侶的同事或上司面前提及任何跟公司相關的事宜，例如「小王說你們正在做××案子」、「××秘書度假回來了嗎？」等，以免為伴侶製造「口風不緊」、「洩漏公司機密」等負面印象。

Q 可以在職場中公然表現伴侶間的恩愛嗎？

不建議，因為職場講究公私分明，尤其伴侶在同一個職場工作時，更要謹守分寸。最好是回到私人場所或私人時間再表現你們的恩愛吧！不過提醒你，在外人面前適度表現對伴侶的體貼是很好的行為，但若是太沉醉於兩人世界而無視他人眼光，甚至造成其他人困擾時，那可就有失分寸了。

Q 到男女朋友的父母家，可以同房嗎？

若是到對方父母家中拜訪，要多體貼長輩的心理。未婚者還是應該分房比較好，或是到飯店住宿，因為長輩即使口頭上很開明，心中多少會有些不適應；與其讓父母尷尬，還不如做出更貼心有禮的安排（此點女性朋友要特別注意）。

Q 工作應酬與家庭感情之間，該如何掌握平衡點？

工作是你實踐理想的戰場，家庭是你感情依靠的泉源，絕不能因為偏向任何一方而讓生活失衡。因此建議你，當需要工作應酬時，應隨時跟家人保持暢通的溝通，讓家人瞭解你應酬的對象與目的為何？另一方面也需要自我調整，畢竟應酬只是一種在放鬆的氣氛下談公事的方法，未必每次都要很晚才結束；只要適當調整時間、保持彈性，甚至事先告知廠商夥伴自己適合應酬的時間，或是偶而也請另一半陪伴出席，都可以在不影響家庭感情下，完成工作使命，兼顧雙贏！

Perfect Image 觀點　用智慧調節理性與感性

「辦公室戀情」是職場中普遍的現象，當你還是公司的新人時，最好先打聽一下公司對辦公室戀情的看法，現在的社會風氣雖然比以前開放，但這並不表示你的老闆可以欣然接受員工辦公室戀情。畢竟大部分的老闆都不太相信正在談辦公室戀情的員工，能夠全心全意專注於工作，況且感情的事情，成了很好，不成則可能對三方（包括公司方）都造成傷害。如果你的老闆不介意辦公室戀情，而你剛好也碰到不錯的對象而進一步交往，建議你們還是低調處理，

上班時專心上班，至於幸福甜蜜、深情款款、爭論鬥嘴、曖昧、吃醋、冷戰……，請留待下班後再說。

雖然不是每個人都有機會談辦公室戀情，但不容否認的是，戀愛、失戀、結婚、懷孕、生產、育兒，甚至離婚，都是每個人在出社會之後可能會經歷的生命歷程，面對這些事情所需要的智慧不亞於工作，及早學習傾聽自己內在的聲音，不論對工作生涯的發展或私生活都是非常有幫助的。

Q 和已婚同事有異樣的感覺該怎麼辦？

職場上，放縱感情自由發展未必是好事。既然對方已婚，更應該適時收斂自己的感情，不可以讓它任意發展；尤其在同一個職場，更別讓不能見光的感情影響你的工作與專業表現。因此建議你，請在情感還能控制之時，以理性戰勝感性，將心力專注在自己的工作上，轉移焦點。若發現無法將公私關係分清楚，對你的工作已產生極大影響時，你可以請調到其他部門、分公司或是另尋工作，藉由阻斷情感的發展，將傷害降至最低。天涯何處無芳草，你值得更好的感情依託。

Q 夫妻在同一家公司上班應如何自處？

請將對方當成同事看待，不需要特別強調你們是夫妻。因此在公眾場合中，避免談論家裡私事；兩人相處不用太親密或刻意疏遠，自然就好；在公司盡量一群人一起吃午餐，不宜單獨兩人吃飯；若是一起上下班，記得遵守公司時間，避免遲到或早退。若夫妻因為公事而引發爭執，請不要加入夫妻間的言語衝突，盡量低調處理吧！別讓夫妻間的小事，成為公司的大事，那就不好了。

Q 剛結束掉一段感情或離婚，該如何面對工作？

公事和私事本應涇渭分明，將私人情緒帶到工作崗位上，既有損專業又不合乎職場禮儀。如果你實在無法走出低潮，建議休幾天假，放鬆一下情緒。當然，請假時不需要說出實情，除非對方是能夠感同身受、理解你的痛苦的人。萬一前伴侶和你有工作上的往來，請試著維持禮貌。無論如何，千萬不要因為私人情感而傷了職業上的專業，這是得不償失的。

Q 女性可以主動邀約男性嗎？

基本上男性是天生的獵人，會自豪並寶貝辛苦得來的獵物，所以建議女性朋友最好不要主動追求男性，但是可以設計對方來追求你。當然，如果你真的很喜歡對方，想要邀約，那麼請用自信優雅的方式提出邀請，不要扭捏不自然。如果他以「對不起，我很忙。也許下次吧！」的理由婉拒，不妨再試一次，但是請記得，僅此一次；因為當對方又再次拒絕你時，就表示他對你沒有興趣，那麼也請你知難而退吧！

後 記

Step by Step 用禮儀展現你的真・善・美

我常常在演講的時候問在場的朋友：

「認為自己是很『真』的人請舉手！」大家都舉手；

我又問：「認為自己是很『善』的人請舉手。」全場的人也都舉手；

當我問到：「認為自己是很『美』的人請舉手。」只見寥寥幾人將手舉起來——每一場都如此。

這項調查不只在台灣，在我所演講過的華人城市如北京、上海、廣州、吉隆坡、三藩市也呈現相同的結果，我不禁開始思索：為什麼大家覺得自己很「真」很「善」卻不「美」？原來在東方人「人不可貌相」的傳統思維下，大家總覺得「內在美」比「外在美」重要，也因而專注「內在美」的修練，並以內在的涵養與品德為傲，反而忽略了「外在美」的著墨。

但是，在競爭激烈的現代社會，每個人都需要在最短的時間內做最有效率的傳達，加上能與你長時間相處進而瞭解你的人越來越少，所以「外在美」已經成為通往「內在美」的通行證；唯有適度的外在美，才能吸引別人想接近你、認識你，進一步瞭解你的內在美而喜歡你。因此「將內在美轉譯成外在美」是現代人都應該具備的基本技能——也就是將原本內潛的、看不清、看不見的內在專業、想法與個性，化成大家一看便知的外在「語言」（例如外表穿著、話語談吐、肢體動作等），供人閱讀、賞析、進而產生共鳴。

如果將人生當成一齣戲，你是戲中的主角，想要演出精彩的劇情，台詞、演技、戲服缺一不可。一旦哪個環節出錯了、沒有做好、做確實，就會影響整體表現，讓此戲（你的人生）無法演繹出最精彩的劇情。而

《成功禮儀》這本書就像是導演（也就是你自己）的「分鏡檢查表」，它提供許多精細的檢查項目，讓你能夠從應對進退、社交細節、人際相處、口語溝通、外表穿著中，檢視目前的自己，是你所編導（也是你所主演）人生戲碼中的助力或阻力。

因此這本書提供的不是讓你去想、去看、去說，而是進一步付諸行動去做、去執行。剛開始你需要刻意的練習，你會有點不習慣，覺得尷尬，甚至認為那個人不是你；然而經過不斷的練習與調整，這些都將內化成為自己的行為，變成身體細胞的一部分。就像小時候我們學習打蝴蝶結，從一開始的不熟練，經過一次次的演練，就會轉化成身體的記憶，再也不會忘記。

當禮儀內化成自然的行為後，請將你的心得分享給家人、同事、朋友，讓更多人懂得禮儀、實踐禮儀、享受禮儀，為社會帶來正面良善風氣。尤其是企業領導者，更應領頭為大家做良好的示範，因為你的小改變將為公司帶來寶貴、正面的影響力。就如我一位學員在上完【表禮如儀】課程後的分享：「剛開始以為只是國際禮儀的學習，沒有想到此課程就像是『動禪』般，啟動我對行為舉止、起心動念的觀察，體知每個動作和內在真正自我的連結，也因而更深刻地瞭解自己……而當我改變了，我發現家人、同事、朋友對待我的態度、行為也不一樣了。」

一個人改變，世界也就跟著改變，這就是我想跟你分享的。禮儀，不只是表面上的字義，其最珍貴之處就是點亮你內在的真、善、美，讓它成為送給自己、送給至愛、送給世界最好的禮物。

三秒內你能讓別人對你印象深刻嗎？

你的儀態符合個人風格與身分地位嗎？

你知道學習何種商業禮儀有助於你的下一個職涯目標嗎？

你想知道異性在意、卻永遠不會告訴你的禮儀嗎？

【表禮如儀】 個人卓越風範課程

完美個人的時尚禮儀‧展現風采卓越的獨特魅力

◆ **外交進行曲**：商場勝負的關鍵在細膩的細節。從會議的引導到上司／
廠商在意卻不會告訴你的細節，外交進行曲解構商業成
功禮儀，造就優雅自信的成功者！

◆ **社交協奏曲**：想成為眾所矚目、人人口中的紳士淑女？社交協奏曲重
建你的溝通禮儀、穿著禮儀、男女社交禮儀等，讓你在
社交上進退有方、無往不利，成功拓展人脈關係！

◆ **風範交響曲**：美麗與優雅，除了先天條件，更需要後天專業調教。結
合個人風格、身分、地位與生涯規劃，強化或調整肢體
語言，創造專屬於你的獨特魅力！

◆ **實習圓舞曲**：特別規劃西餐實習課程，讓所有參與這堂課的學員體會
國際西餐的正確步驟，並培養身為主人與客人應有的風
範，展現得體魅力百分百！

課程簡介

Perfect Image 陳麗卿形象管理學院
+886-2-27071570

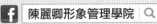

公司的員工如果能透過外表、行為和客戶的關係，

傳遞出公司的價值，這個公司就是成功的企業。

～by英國《金融時報》經濟觀察者／伊恩‧懷利

【成功禮儀】 企業員工風範養成

專業形象‧感動服務‧創造企業無可取代的品牌價值

為企業量身訂製專業教育訓練計畫：

- ◆ 企業邁向國際化的A$^+$禮儀
- ◆ 卓越領導者全面形象策略
- ◆ 落實感動服務的實務關鍵
- ◆ 成功銷售的非語言溝通學
- ◆ 高階領導者的魅力風範訓練
- ◆ 企業員工專屬形象訓練規劃
- ◆ 訂定企業專屬服務流程SOP
- ◆ 十大常見國際商務禮儀地雷

Perfect Image 陳麗卿形象管理學院
+886-2-27071570

[f] 陳麗卿形象管理學院 🔍

國家圖書館出版品預行編目資料

成功禮儀：你的品牌符號學＝A guide to business manners for the 21th century/陳麗卿作. -- 第四版. --
新北市：商鼎數位出版有限公司, 2023.04
　　面；　公分. -- (陳麗卿PI系列)
ISBN 978-986-144-222-8(平裝)

1.CST: 禮儀 2.CST: 形象

192.31　112002177

陳麗卿PI系列

成功禮儀－你的品牌符號學
A Guide to Business Manners for the 21th Century

作　　者　陳麗卿
發 行 人　王秋鴻
法律顧問　永然聯合法律事務所
編輯經理　甯開遠
美術設計　張簡至真
文字整理　廖觀橋
出 版 者　商鼎數位出版有限公司
　　　　　地址／235 新北市中和區中山路三段136巷10弄17號
　　　　　電話／(02)2228-9070　傳真／(02)2228-9076
　　　　　郵撥／第50140536號　商鼎數位出版有限公司
　　　　　商鼎數位出版：http://www.scbooks.com.tw
　　　　　千華網路書店：http://www.chienhua.com.tw/bookstore
　　　　　網路客服信箱：scbkservice@gmail.com
出版日期　2023年4月6日　第四版／第一刷